U0694447

文化经济学

主 编 陈元刚 孙 平 刘 燕

重庆大学出版社

内容提要

文化消费总量和质量的提升,加快文化产业大发展,将助推中国消费结构和经济结构转型升级。扩大文化消费基于供给经济学理论,从文化产品和服务供给端入手,以改善供给,来满足文化需求,刺激文化消费,从而推动文化消费需求稳步增长。本书从经济学视角进行写作,内容包括:导论、文化及文化生产、文化资源与文化产品、文化消费与文化商品、文化需求与文化供给、文化商品的价格、文化市场、文化产业、文化资本与文化投资、文化经济效益与经济核算、文化经济管理与文化产业政策11章内容。本书将帮助人们增加文化经济学基本理论知识,把握文化经济发展规律,提高文化事业决策和经营管理水平。

图书在版编目(CIP)数据

文化经济学/陈元刚,孙平,刘燕主编. —重庆:重庆大学出版社,2017.1
ISBN 978-7-5624-9914-5

Ⅰ.①文⋯ Ⅱ.①陈⋯②孙⋯③刘⋯ Ⅲ.①文化经济学
Ⅳ.①G05

中国版本图书馆 CIP 数据核字(2016)第 134484 号

文化经济学

主 编 陈元刚 孙 平 刘 燕
责任编辑:沈 静 版式设计:沈 静
责任校对:邹 忌 责任印制:赵 晟

*

重庆大学出版社出版发行
出版人:易树平
社址:重庆市沙坪坝区大学城西路 21 号
邮编:401331
电话:(023)88617190 88617185(中小学)
传真:(023)88617186 88617166
网址:http://www.cqup.com.cn
邮箱:fxk@cqup.com.cn(营销中心)
全国新华书店经销
POD:重庆新生代彩印技术有限公司

*

开本:720mm×1020mm 1/16 印张:12.5 字数:205 千
2017 年 1 月第 1 版 2017 年 1 月第 1 次印刷
ISBN 978-7-5624-9914-5 定价:29.00 元

在 21 世纪,人类文明前沿已经进入知识社会,知识社会的物质生活已经极大丰富,文化生活逐步成为社会大众的主要追求,文化产业成为国民经济的战略产业,文化经济成为国民经济的主导经济。

文化经济学是一门新兴的边缘性经济学科,也是一门应用型经济学科。2009 年出版的《辞海》对文化经济学的解释是:"研究文化的生产、交换、分配和消费各领域的运行机制及其发展规律的学科……主要研究内容包括:文化商品、文化资源和文化产业、文化生产和劳动报酬、文化需求和供给、文化市场、文化商品价格、文化经济效益与经济核算、文化消费、文化投资、文化经济政策、文化经济管理体制等。"

文化经济学在其发展进程中,实际上形成了边界清晰的两种学科方向——以文化艺术产业、文化商品和文化市场为研究对象的"狭义文化经济学"和以文化与经济发展之间的关系为研究对象的"广义文化经济学",这两种不同演进路径的文化经济学,在方法论和理论体系上有着明显的区别。狭义的文化经济学实际上是文化产业、文化产品和文化市场的经济学分析,"方法论上的个人主义"仍然是其突出特征。广义的文化经济学则探讨文化对经济思想、经济行为以及经济绩效的影响模式、影响渠道和影响效应,文化因素被当作影响经济系统运行的重要变量。狭义的文化经济学的发展方向已从原来的理论研究、经验研究转向政策研究,而广义的文化经济学则出现了在理论框架上与新制度经济学相互融合的趋势。

随着国家经济的发展,人们对于文化消费的需求也会伴随着收入水平的提高而不断增加。国际经验表明：当一个国家人均 GDP 达到 3 000 美元时，该国的文化产业和文化消费就会快速发展。当人均 GDP 达到 5 000 美元时，文化产业和文化消费就会出现井喷式增长。2012 年，我国人均 GDP 达到了 6 100 美元，已经进入文化产业和文化消费的快速发展时期。在此时期，扩大文化消费，对改善人民群众文化精神生活意义重大。党的十八届三中全会指出，要"建立健全现代文化市场体系"。从经济学的视角来看，建立健全现代文化市场体系的一个重要内容，就是要满足人民群众日益增长的文化需求，而文化需求的满足将最终体现在文化消费方面。因此，扩大文化消费就成为社会主义文化建设的必然要求和重要任务。

在国际金融危机的宏观背景下，外需持续疲软的态势短期内难以改变，扩大内需既是中国经济持续健康发展的根本动力，又是加快推动我国经济发展方式转变的迫切要求和基本保证。实现国民经济可持续发展，避免出现经济周期的过度波动，必须更多地依靠内需拉动。从消费结构演变的规律来看，随着我国经济持续发展，国民收入稳步提高，消费结构升级趋势明显：居民衣食住行等基本日常生活消费已趋于饱和，更高层次的文化消费在内需中的地位将不断提升。目前，我国城乡居民在文化消费上的支出占总消费支出的比重正在逐年增大，扩大文化消费将成为促进内需的重要突破点。而扩大文化消费，加快发展文化产业，不仅可以推动中国经济转型升级，而且能够有效地增加就业，为提升内需提供有力支撑。

虽然我国文化消费潜力巨大，但目前文化消费总量和结构都还不尽如人意，原因在于文化消费的两端不匹配，即文化供给和文化需求不匹配。供需不匹配主要是因为文化供给远远落后于文化需求，主要表现为文化供给规模和结构不合理、产品和服务创新性不足，不能满足动态变化的居民文化消费需求。因此，扩大文化消费应该基于供给经济学的理论框架，从文化产品和服务的供给端入手，以改善供给来满足文化需求、引导文化需求、增加文化需求，从而扩大文化消费。

从加快发展我国文化产业的角度出发，加强文化经济学理论研究的意义主要有以下几方面：

有助于更加深入和全面地研究文化产业，促进文化产业又好又快发展，从而不断增强我国的综合国力和国际竞争力。当今世界，各国在不断壮大经济实力、科技实力和国防实力等硬实力的同时，都在努力增强文化软实力，其中一个重要方面就是发展文化产业。例如，美国有 1/4 的 GDP 是文化产业创造出来的，文化产业出口额在其外贸出口中居首位;日本文化产业的产值已超过汽车工业,占GDP的1/5。改革开放以来,我国文化产业如影视业、音像业、文化娱乐业、文艺演出业、文化旅游业、新闻出版业等发展较快,取得了很大成绩,但与发达国家相比还存在较大差距。我国文化产业总体规模不大,水平不高,对国民经济的贡献和影响力较小,与人民群众的新期待和国际竞争的新要求还不相适应。因此,近年来,中央高度重视发展文化产业。

有助于增加政府主管部门人员和文化产业从业人员的文化经济学理论知识,使其能准确把握文化经济发展规律,提高文化企业经营管理水平,从而减少或避免由于知识欠缺而导致的决策失误。文化产业要实现又好又快发展,离不开一支既懂文化发展规律又懂文化经济与市场经济规律,并善于经营管理文化企业的高素质人才队伍。我国文化产业总体实力与发达国家存在较大差距的原因是多方面的,如缺乏高素质人才就是一个重要方面。重视文化经济学理论的学习和研究,是提高文化主管部门人员和文化产业从业人员素质的必由之路。

有助于丰富我国高等学校文化产业管理专业的教学内容,改善学生的知识结构,从而培养出更多适应文化产业发展需要的人才。目前,我国有近百所高校设置了文化产业管理专业。要把这个专业办好,不断提高教学水平和质量,就必须加强文化经济学理论研究,使相关教师和学生具备扎实的理论基础、宽广的学科视野,更好地适应文化产业的快速发展变化,成为高素质、创新型人才。

因此,本书围绕上述写作目标,展开了对文化经济学的讨论,本书共分为11章,内容主要包括:导论、文化及文化生产、文化资源与文化产品、文化消费与文化商品、文化需求与文化供给、文化商品的价格、文化市场、文化产业、文化资本与文化投资、文化经济效益与经济核算、文化经济管理与文化产业政策等内容。

本书是重庆理工大学和重庆师范大学有关老师合作完成的成果。由陈元刚、孙平、刘燕担任主编,参加编写的有陈元刚、唐春花(第1章和第2章),孙平(第3章),黄万才(第4章),王全意(第5章),霍灵知(第6章),卓丽霞(第7章),刘燕(第8章和第10章),秦雷(第9章),李凌(第11章),最后由主编统稿。

编　者

2016 年 9 月

目 录

MuLu

第1章 导 论

文化活动属于非物质生产领域,文化是对人类生存和发展的基本内涵进行表现和描述。纵观人类社会发展的历史,人类社会的一切现象都可以被视为文化现象。从社会发展的深层次看,文化是最能反映社会经济发展的综合性尺度,经济发展的整个过程始终反映并体现着特定文化的基本特性;从本原来看,经济基础是文化的基础;从发展角度看,文化则是决定和影响经济发展的根本因素。"文化经济学"的命题正是基于这一思路引发的。

1.1 文化与经济的关系

1.1.1 文化的定义

文化是人类发展进化过程中逐步掌握的能改善人类生活的知识、能力、习惯的总称。它分为两个方面:一是物质文化,它是人类创造的种种物质文明,是一种可见的显性文化,如种植技术、手工艺技术、工业技术等;二是精神文化,属于不可见的隐性文化,如文学、绘画、哲学、音乐等。

对文化的概念进行界定,是一个非常复杂的理论与实践问题。据有关资料统计,到目前为止,关于文化的定义已经超过 250 种,每一种观点都是从不同的角度、不同的层次或不同的范围进行分析界定的。就所有观点而言,大体可以归纳为两种比较成熟的观点。其一为广义的文化概念,认为文化是人类创造的一切物质文明和精神文明的总和,是人类自身的一切延伸,把文化看成无所不包的东西;其二为狭义的文化概念,认为文化是指人类的精神活动产物及其延续与发展。

文化是从人脱离自然界,人摆脱其动物本性而独立为人类的角度所观察到的社会。从这个意义上讲,一切社会的财物、知识、人类组织都是人类文化的产物,都是文化的因素。从人与自然的关系看,人类对自然物的改造,留下人类行为痕迹的自然物,都是人独立于自然的标志,所以都是文化的要素。所谓物质文化也就是在这个意义上说的。从人与人的关系来看,人独立于自然界,脱离其动物本性的过程又是与人类具有共同行为规范和方式密不可分的,所以文化为人类的各种行为和习性的总和。

1.1.2　经济的定义

经济指的是整个社会的物质资料的生产和再生产,是指社会物质生产、流通、交换等活动。经济是人类社会的物质基础,与政治是人类社会的上层建筑一样,是构建人类社会并维系人类社会运行的必要条件。社会一切行为都离不开人类劳动和资源的耗费,所以一切社会行为都是经济因素。

1.1.3　文化与经济的关系

人类社会是一个极为复杂的综合体。当我们从政治角度观察社会时,整个社会关系都带上了政治色彩,表现为政治关系的总和。当我们从经济角度观察社会时,整个社会又都无不是经济因素。当我们从文化角度观察社会时,整个社会都是人类文化的产物。任何社会实体都可以从政治、经济和文化3个方面进行观察和分析,可以说政治、经济和文化是确定一个社会的三把尺度,如果把他们连接起来构成一个三维坐标,那么由此就可以提出"社会空间"的概念。到目前为止,任何社会实体都存在于由政治、经济和文化所构成的三维社会空间中。不同社会,由于政治、经济和文化发达的程度不同,所占据的社会空间也不同。社会实体所占据的社会空间的大小,为比较不同社会的发达程度提供了综合性的量的指标。当然这需要对政治、经济和文化坐标的质与量的规定性作进一步的探究。

政治,我们把它广义地理解为社会内部强制的组织和权力关系的总和。在阶级对立的社会里,这种强制的组织和权力关系主要表现为社会各阶级间统治和被统治的斗争。由于社会强制的组织和权力关系渗透到社会的每一个角落,因此我们说从政治角度观察,社会表现为一个极为复杂庞大的政治网络,法律、军事、政权、民主等都只是政治实现的方式或手段而已。

经济是从人类劳动的耗费和再产、自然资源的有效使用和配置的角度所观察到的社会。经济活动是人类财富的生产、交换和消费行为的总和。社会一切行为都离不开人类劳动和资源的耗费,所以一切社会行为都是经济因素。与人类相联系的自然环境是经济因素,人类的生产力是经济因素,人们的生产关系是经济的核心因素,为人类生产服务的一切科技、教育、管理、艺术表演经济因素,消耗人类财富的政治斗争,战争也是经济因素。

文化是从人脱离自然界,人摆脱其动物本性而独立为人类的角度所观察到的社会。从这个意义上讲,一切社会的财物、知识、人类组织都是人类文化的产物,都是文化的因素。从人与自然的关系看,人类对自然物的改造,留下人类行为痕迹的自然物,都是人独立于自然的标志,所以都是文化的要素。所谓物质文化也就是在这个意义上说的。从人与人的关系来看,人独立于自然界,脱离其动物本性的过程,又是与人类具有共同行为规范和方式密不可分的,所以有人定义文化为人类的各种行为和习性的总和。从人对自然和社会的认识关系来看,人脱离自然又适从这种认识,并与此成正比,所以又有人把文化定义为人们对共同理想的追求。如果从人离开自然界过程的形式方面看,那么人的这种活动总要采取一定的方式,这样文化也可定义为方式。总之,我们把文化看作人脱离自然界和摆脱人的动物本性而独立于人类的历史过程。把文化定义为人类通过摆脱人的动物本性的历史过程,而达到的一种脱离自然界的独立状态,这样既不与绝大多数的文化定义相左,又可以容纳他们。这样,凡是在这个历史过程中产生的并起到一定历史进步作用因素的都是文化的要素,反之则不是。各种文化要素以特定的结构联系起来,形成一个时代或一个社会的文化整体。每个时代和每个社会的人们都依据特定的文化整体而独立于自然,确立起自身的社会存在。任何文化要素,只有处在文化整体中,才是文化要素,才发挥着特定的文化要素的功能,独立出来,割裂开来就不再是文化了。如一款服装,一类建筑,只有在一定的社会中,与其他文化要素联系起来考察,才代表一种文化,表现一定的文化模式。孤立来看,服装就是服装本身,建筑就是建筑本身,除此以外什么也不是。这是由文化的整体性和系统性所决定的。

以上我们极其简略地叙述了社会空间、社会实体、政治、经济和文化间的关系和各自含义。根据本文主题的需要,我们再来进一步分析经济和文化的辩证关系。为了单独分析经济和文化的关系,我们在社会空间中撇开政治坐标,由文化坐标和经济坐标构成社会空间中的一个经济—文化平面。借助这个经济—文化平面,我们可以比较直观地说明经济和文化的特征和性质。如图 1.1 所示,经济和文化是同一社会的两种性质,是互相渗透融为一体的两个社会系统,我们无法在现实社会中划出一条界线,把经济和文化截然分开。现实社会既不存在纯粹的经济活动,也不存在纯粹的文化活动,任何社会事物总是既具有经济性质,又具有文化性质,纯粹的经济和文化只存在于抽象的理论假设和分析中。一切经济领域同时就是文化的表现,一切文化层次都制约着经济运动的各个领域。

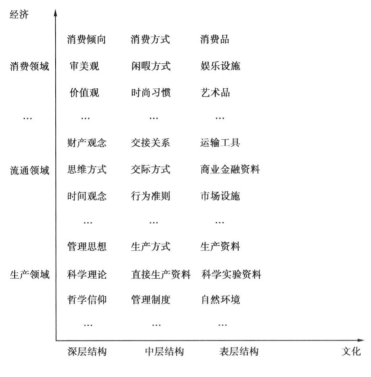

图 1.1　经济和文化的关系平面图

　　我们把社会经济分为 3 个相对独立的运动领域,生产、流通和消费。任何社会财物总要通过这 3 个领域而完成其经济使命。分配并不单独成为一个经济运动领域。因为在生产领域中就包含着生产资料的分配,并且潜在地决定了消费资料的分配。流通是分配实现的途径,消费领域是分配最后实现的场所。所以,从一定意义上说,分配贯穿于 3 个经济活动领域而不单独构成一个经济运动领域。

　　文化作为一个系统,我们粗略地把它划分为 3 个层次,表层、中层和深层。文化的表层结构是人类创造和改造过的一切物品的总和。当人们与异文化相接触时,呈现在眼前的首先是文化的表层结构,道路、服装、建筑、食品和生产工具等。文化的中层结构是人们行为方式的总和、各种社会规范的总和、各种社会制度的总和,一句话是人们的社会关系的总和。文化的深层结构是人们的社会意识的总和,它包括社会心理、价值观念、思维方式、社会观、宇宙观、哲学信仰等。文化的这 3 个层次各自又可以划分为几个更细的层次,但这就超出了本文所要论述的深度和广度了。文化的 3 个层次的划分是与文化变迁的规律相一致的。在文化变迁的历史过程中,文化的深层结构表现出巨大的稳定性,文化的表层结构则表现出极为丰富的色彩变换。文化的中层结构则介于两者之间。社会矛盾、社会冲突、社会进步都可以从文化的这 3 个层次由于变迁速度不一致所产生的矛盾运动中得到很好的历史说明。例如,文化的中层结构包括人们的政治关系和经济关系,这表明文化的中层结构是在政治与经济相互复杂作用中变动的,对一个特定的社会来说往往是政治的变动先于经济关系的变动。首先经济决定政治,从人类历史的总过程来看是完全正确的。但对于一个具体社会的特定时期来说,并不一定如此,这就显示了文化三层次结构划分的合理性。其次,文化的发展也可以用文化的三层次的丰富程度来衡量。一种文化的贫乏相应地就表现为它的三层次内容的单一。同样,经济的发展,也表现在经济的 3 个领域的丰富程度上。生产资料的简单,流通方式的单一,消费物品的匮乏,都是经济落后的表现。经济和文化越是发达,一个社会实体在社会空间中的经济坐标和文化坐标上所占据的跨度也越大,从而它的社会空间也越大,人的自由活动余地也就越大,人的潜力也就越能发挥无遗,一个社会也就越发达兴旺。需要指出的是,在以上关于经济和文化的示意图中,主要是从总体上表示经济与文化的关系。文化三层次结构中的具体内容与经济的三大运动领域并不都是严格对应的。在文化的表层结构中,我们能够比较准确地区分出经济的三领域,在文化的中层结构中,经济三领域的界限就变得模糊了,如行为准则、经济制度、生产关系等都是在三领域同时存在的东西。至于在文化的深层结构中,经济三领域的界限基本消失。因为思维方式、价值观念和审美观等都同时存在于经济的三领域。可见,从文化的表层结构、中层结构到文化的深层结构,经济三大领域的界限越来越模糊并趋于消失。但是这并不妨碍这个示意图的意义,我们通过它主要说明经济的三大领域,从文化角度看,存在表层、中层和深层 3 个文化层次。一旦我们理解了经济领域的这 3 个文化层次的运动规律,就不难揭示出当前改革的性质及其在社会文化变革中的地位,我们当前的文化建设如何与当前的改革保持一致,为经济改革的顺利进行提供切实的社会文化保证和强大的社会文化精神上的动力。

1.1.4 文化经济学

文化经济学是一个独立的、涉及面相当广的兼有文化和经济双重特性的领域,它有着自身的矛盾运动及其发展变化的规律,在自己的活动领域中表现出种种特殊的矛盾性。因此,从这个意义上来说,文化经济学是文化生产活动与经济生产活动相互融合衍生出来的一门边缘学科,是以经济学理论为基础并从根本上把自己同其他经济学分支和文化学分支区别开来的经济分支学科。

经济涉及资源、商品(产品)、价值、价格、供给、需求、消费、市场、成本、效益、资本、投资以及分工、贸易、竞争力等。文化经济学则有文化资源、文化商品(产品)、文化价值、文化供给、文化需求、文化消费、文化市场、文化生产率、文化资本、文化投资以及文化分工、文化贸易,文化竞争力等。另如经济学中的市场是指商品交换的场所,而文化经济学中的市场是以文化商品为经营对象的市场。这两个市场的活动,都要受到价值规律的支配。

从以上罗列对比可以看出,文化经济学作为经济学的一门分支学科,它的概念、范畴和内容应是经济学的拓展和延伸,并以这些基本范畴为核心,再加上其他派生的范畴,一起构成文化经济学的研究内容和理论体系。并且,通过对这一系列范畴的分析,阐明整个文化经济系统的运行机制和发展规律。正如概念、范畴和内容是经济学的拓展和延伸一样,文化经济学也需要吸取经济学科学体系的精华,构建自己的理论体系。同时,要注意经济学研究的是物质生产的一般规律和特点,而文化经济学研究的则是文化生产中的特殊规律和特点:如经济学和文化经济学中研究的"商品"都有价值和使用价值。物质产品本身没有特殊的社会属性和阶级属性,但文化产品一般都有鲜明的社会属性和阶级属性,它是一种特殊的商品。因此,文化经济学没有必要也不应机械地模仿经济学,应根据自身特点以一定的逻辑顺序构建本学科的理论研究体系。

1.2 文化经济学研究的对象、目的和方法

文化经济学是一门用文化视角去研究社会经济发展及其规律的交叉性学科,直到目前这门学科的体系尚在探索之中。从学科属性看,文化经济学具有交叉学科或边缘学科的特征,也可作为大经济学的一个新兴的分支学科,它有自身的研究对象、研究目的和研究方法。

1.2.1 研究对象

文化经济学的研究对象并不是文化本身。任何一门科学,都有它特定的研

究对象,而研究对象又是依据科学研究的特殊领域确定的。文化经济学也不例外,它之所以能形成一门独立的科学,就是因为它也有自己特定的研究对象。

文化领域中确保文化事业发展的具体经济活动,是文化经济学的研究对象,因此,文化经济学的研究对象是以文化生产活动为研究对象,是从经济学的角度和视角对文化资源、文化商品、文化商品价格、文化市场、文化投资、文化发展战略和文化经济管理等一系列主要范畴的具体分析,深入研究和探索文化生产、分配、交换和消费过程及其发展规律的科学。因此,作为文化经济学的对象性研究范围,主要是指和文化生产、流通、分配和消费有关的文化活动现象,包括文学艺术、广播电视、图书出版、文化娱乐、文物博物、音像制品、文化旅游,以及与之相适应的设施与组织机构,如艺术表演团体、出版社、影剧院场、影视制作公司、书店、图书馆、美术馆、博物馆等。

文化经济学是以文化生产活动中的微观和宏观经济行为为研究对象,从经济学的角度和视角深入分析和研究文化的生产、流通、分配、消费等环节的运行机制和运动规律。其分析框架应以文化资源配置角度为起点,从微观、中观、宏观乃至全球层面层层展开其研究内容。同时,文化经济学研究应始终注意文化的“经济性”和“文化性”这一对与生俱来的深刻内在矛盾。

1.2.2　研究目的

经济学研究的基本问题是资源的配置,如何最大限度地提供文化及相关产品以及有效地配置文化资源,是文化经济学研究的核心问题。因此,文化经济学研究的目的是从文化资源配置的角度分析,使经济在微观、中观、宏观以至于全球各个层面上得以有效发展。

1.2.3　研究方法

文化经济学的研究方法采用现代经济学的量化研究方法。在方法论上,文化经济学与主流经济学并无二致,方法论上的个人主义仍然是其突出特征。在文化经济学的分析框架中,个人仍是在约束条件下追求效用最大化的理性经纪人,文化因素对经济行为人的影响是外生的,因此文化不作为内生变量出现在理论模型之中。文化经济学运用主流经济学的价格理论、增长理论、周期理论,以及产业经济学、劳动经济学、计量经济学、信息经济学、发展经济学和数理统计学方法等,寻找影响文化发展的因素和数量关系,为我国文化建设提供理论指导和政策建议。

文化产品与普通商品具有相同的特征,都能给消费者带来效用,这些共同性决定了经济学的研究方法可以用来研究文化现象。文化经济学不同于经济学的原因是文化现象具有特殊性,这些特殊性决定了文化经济学不同于经济学的研究工具。这些研究工具有:

1)成本疾病理论

文化经济学在长达 40 年里,很长一段时间基本停留在对视觉与文字表现艺术的经济问题研究之中,其研究方法沿袭鲍莫尔(Baumol)于 20 世纪 60 年代提出的成本疾病(Cost Disease)理论。成本疾病理论是指现场演出的相对成本增加的现象,这个成本的增长说明了这一艺术形式越来越依赖国家的补贴,当消费品是劳动力本身时就会发生这种现象。

2)价值理论

文化产品不同于普通商品之处就在于文化商品的价值不同于普通商品,文化产品除了具有普通商品具有的经济价值之外,还具有文化价值,文化产品正是由于具有不容忽视的文化价值才成为文化产品。因此,文化经济学除了要研究文化产品的经济价值之外,还要时刻关注文化产品的文化价值。

3)文化资本

大多数文化产品的消费都是既满足了当时的消费愿望,又增加了以后理解文化产品的能力,因此,积累了长期消费文化产品的资本。文化产品不仅为人们的消费提供服务,还为人们的生产活动提供服务,所以文化产品和服务具有资本的特性,在讨论文化时必须考虑到文化的这一特征。

4)文化的持续性

由于文化可以多次被使用,很多文化产品和服务也是不能被重新生产的,因此在考虑文化生产消费活动时,应考虑文化的持续性问题。

1.3 文化经济学与相关学科的关系

任何一种理论都有它的理论基础,都是从一定的理论前提出发,并在此基础上创新发展的。文化经济学是一门建设中的新型交叉性学科,涉及许多科学领域。深入地研究文化经济学构建的理论基础,以及它与相关学科的关系,是科学地构建文化经济学的重要前提。

1.3.1 文化经济学的理论基础

文化经济学兼有文化科学和经济科学的双重品格,是一门全新的理论科学。社会主义文化经济学,必须以马克思主义的政治经济学和马克思主义的文化理论为指导。文化经济学研究的理论基础是马克思主义关于社会生产力和生产关系理论:关于社会生产和社会文化关系的理论,关于生产劳动的学说和劳动价值学说,关于价值规律和再生产的理论,关于精神生产的发展与物质生产的发展不平衡的理论,关于文化产品具有价值和使用价值的理论和关于文化消费受物质消费制约的理论等。这些都是确定我国文化经济学的研究方向和目标、体系和结构、内容和方法的科学依据和指导思想。

1.3.2 文化经济学与相关学科的关系

文化经济活动是文化活动与经济活动的有机结合。作为综合性的社会活动,它具有政治、经济、文化、审美、娱乐等多种特性。因此,作为一门边缘学科,文化经济学必然要在自己的成长过程中与其他相关学科发生这样或那样的关系。

1)文化经济学与政治经济学的关系

作为经济活动中最一般的原理、原则和规律的科学概括,政治经济学具有理论基础的指导意义。然而,政治经济学所研究的是国民经济活动中的普遍性原则、一般性规律,其基础的指导性适用于所有的部门经济学。而文化经济学所研究的是文化活动中与经济相关联的特殊矛盾运动的规律性。作为部门经济学,文化经济活动除了受经济活动中一些共同规律的作用之外,还具有其他经济活动所没有的内容、形式和特殊规律性。文化经济学与政治经济学的关系,实际上是个别与一般的关系。文化经济学所研究的是文化领域、文化活动中的经济关系、经济原则和经济规律,是关于文化经济的个别性原理的归纳和总结。因此,在学科体系上,文化经济学必须以自己的理论构建的个性与政治经济学相区别。

2)文化经济学与文化学的关系

文化学是研究文化现象最一般规律的科学,它是人类文化活动的综合概括,包括文化史学、文化人类学、文化社会学、文化生态学等。文化经济学是文化学的一部分,着重考察和研究文化活动中的经济要素,揭示在市场经济条件下文化活动的经济学品格。由于研究的是文化领域中的经济关系和经济原则,对文化经济的研究就不能脱离文化的特性。从这个意义上来说,文化学与文化经济学的关系也是一般原则与个别对象的关系。离开了文化这一特定的对象,文化经济学也就成了另一种经济学。

3) 文化经济学与其他文化学科的关系

(1) 与文化社会学的关系

在与文化经济学相平行的文化学科中,文化社会学是对文化经济学研究影响最大的学科。它对文化变迁问题的研究和对文化的比较研究,在许多方面与文化经济学呈平面交叉状态。例如,对文化经济学传递、文化传播、文化差距(非物质文化与物质文化相互适应在时间上的差距)、文化层次、抵制文化变迁的各种因素,以及对不同社会、不同民族间生活方式和价值观念的研究,都会给文化经济学的研究带来丰富的思想成果和广阔的思维视野。然而,文化社会学最终是以文化与社会的相互关系及运动规律为研究对象的,与文化经济学以文化与经济的相互关系为研究对象相比,侧重点是不同的。因此,对文化社会学的研究有助于对文化经济学的研究;反过来,文化经济学的研究成果也会给文化社会学的研究以深刻影响。两者可以互补,而不能相互取代。

(2) 与同文化经济学有纵向联系的学科的关系

文化经济学研究领域的覆盖面很宽,几乎涉及所有精神文化领域。根据文化领域不同的行业特点,文化经济学又可以衍生许多分支经济学,如文艺经济学、图书馆经济学、艺术教育经济学、电影经济学等。它们以文化经济学的基本理论为依据,结合行业的微观特征,研究较之文化经济学更为具体的文化领域里的经济想象、特征及运动规律。同时还要结合各自的学科系统,如文艺学、图书馆学、教育学、电影学等进行研究。这是一种宏观指导与微观深入的关系。作为文化经济学的延伸,文化管理学、文化市场学等,都是以文化经济学的基本原理为基础,从宏观角度探讨文化管理理论、管理体制、管理原则和管理方法;研究现代文化市场作为文化经济具体呈现形态的构成和特点、市场营销活动、规律和策略等。这些学科是文化经济学的丰富和展开。

综上所述,文化经济学的对象范围要比非物质生产领域的经济学要小,因为它不包括教育、卫生和科学经济学,但它的涵盖面则比某一具体的文化领域的经济要大,其揭示的主要规律和范畴适用于各个具体的文化部门和文化经济领域。

第2章　文化及文化生产

有关文化生产的研究,从理论上可以追溯到古典经济学创立时期,亚当·斯密在《国富论》中专门讨论非物质劳动的价值问题,而马克思的精神生产理论被看成西方有关文化生产研究的理论源头。

20世纪40年代,法兰克福学派最早注意到在资本主义生产条件下艺术创作转变为大量复制的文化生产。阿多诺和霍克海默把由传播媒介的技术化和商品化推动的、主要面向大众消费的文化生产称之为"文化工业"。本雅明根据马克思的精神生产理论,提出了"艺术生产理论",他认为艺术创作是与物质生产有公共规律的一种特殊的生产活动和过程,同时由生产与消费、生产者、产品与消费者等要素构成,同样受到生产力与生产关系矛盾运动的制约。本雅明进而提出,艺术家的创作会受到时代经济生产力和生产关系的影响和制约,艺术创作本身也是生产率和生产关系的问题。

以霍佳特、雷蒙·威廉姆斯、汤姆森等为代表的英国伯明翰文化研究学派通过对大众传媒的研究,分析了大众文化如何影响人的日常生活;瑟斯通的消费文化研究论述了文化产业促使社会构成变化以及新媒人阶层的形成对文化消费的影响;鲍德里亚的镜像理论阐述了符号生产对于社会生产的强制性影响。

20世纪80年代以来,西方文化社会学研究着重从文化生产的社会组织形式、空间形态入手,研究文化生产组织的演变对观念的传播和经济社会的影响。20世纪80年代以来,都市研究成为横跨地理学、文化社会学和经济学等多学科研究前沿,在列斐伏尔"空间的生产"理论的影响下所展开的都市文化研究在美国学术界形成高潮。其中,哈卫、索亚、迪尔、佐京、克兰等人的研究,实际上揭示了文化生产对城市空间重组和演变的深刻影响。

20世纪80年代后,文化产业这一概念进一步成为国际上普遍使用,被用以描述一国文化产业发展状况以及作为国民经济统计的规范性概念。有关文化产业的经济学研究——文化经济学成为经济学学科发展的重要分支,并与经济学的新增长理论、新制度经济学等流派一起,成为经济学发展的前沿学科。

由于国界、地域、经历、年龄、研究方向特别是时代发展的不同,人们在不同阶段不同地域、不同领域对文化产品都有着不同的文化观念,文化产品又与一般商品有不同的特点。因此,文化产品有着多层次性的、较为复杂的种类组合,有着不同的生产形态。本章我们学习文化及文化生产相关的知识。

2.1 文化及文化产品的种类

2.1.1 文化及文化产品的概念

现代意义上的文化,有狭义和广义之分。狭义的"文化"是指意识形态所创造的精神财富,包括宗教、信仰、风俗习惯、道德情操、学术思想、文学艺术、科学技术、各种法律、制度等,是一种精神生产能力和精神产品的总和。而从广义上来理解的话,文化则是指:"人类在社会实践过程中所收获的物质的、精神的生产能力和创造的物质财富、精神财富的总和。"

而文化产品,有了"产品"二字,就有了商品的一般属性,即文化产品是文化生产的成果,是用一定的物质载体承载着特定的精神内容的产品形式。它既具有精神产品的性质,又具有物质产品的特点。物质产品形式是其精神产品内容的载体,精神产品的性质才是文化产品的决定性本质。

所谓文化产品是指文化产业发展过程中生产创作的,用于供给服务的文化成果,主要由文艺产品、文化创意产品、民族文化产品、民俗产品、旅游文化产品等构成。

文化产品具有两种形态:一种是借助于物质载体呈现的形态;另一种表现为劳动过程。马克思指出,在非物质生产中,甚至当这种生产纯粹是为交换而进行的,因而纯粹生产商品的时候,也可能有两种情况:

①生产的结果是商品,是使用价值,它们具有离开生产者和消费者而独立的形式,因而能在生产和消费之间的一段时间内存在,并能在这段时间内作为可以出卖的商品而流通,如书、画以及一切脱离是艺术家的艺术活动而单独存在的艺术作品。

②产品同生产行为不能分离。如一切表演艺术家、演说家、演员、教员、医生、牧师等的情况。

2.1.2　文化产品的种类

文化产品种类的划分有不同的角度和方面,可以从文化产品的艺术形式,划分为人文理论类和文化艺术类;从文化产业管理的角度,作为管理对象的文化产品和服务,又可以分为私人产品和公共产品;从人类生产活动的成果划分,可划分为物质类和精神类的文化产品。

1)艺术形式划分

①人文理论作品:包括哲学、政治学、伦理学、法学、历史学、经济学等。

②文化艺术作品:包括文学创作、影视剧,流行音乐产品,动漫产品音乐、舞蹈等文化演出活动和绘画、雕塑,等等。如港台言情小说已经成文一种大众文化生产的典型。当下港台言情小说的文本生产策略包括跨越时空体及古装体,性与暴力的盛宴,调侃和搞笑等不同的文本生产策略,以及与影视产业文化的结合,是文化艺术作品的典型代表。

2)管理对象划分

(1)私人产品

私人产品,即私人物品,是指那些在普通市场上常见的物品。如,用于吃的水果、用于穿的衣服,以及火车上的座位,等等。私人物品具有两个鲜明的特点。第一是"排他性":只要对商品支付价格的人才能够使用该商品。第二是"竞用性":如果某人已经使用了某个商品(如某个火车座位),则其他人就不能再同时使用该商品。实际上,市场上只有具备上述两个特点的私人物品的场合才真正起作用,才有效率。

(2)公共产品

与私人产品不同的是,公共物品则是指既不具有排他性也不具有竞用性的物品,称为公共物品。

3)人类生产活动的成果划分

(1)物质产品

物质产品与精神产品存在着本质上的差异。物质产品,如各种食品、饮料、化妆品、药品、服装、饰品、家用电器、汽车、商品房等,是有体、有形的,是看得见、摸得着的,法律上称为"有体物"。人们需要各种物质产品,是为了满足物质生活的需要,多着重于"产品"的共性。

(2)精神产品

例如:文学、艺术、自然科学、社会科学作品等,是无体、无形的,是看不见、摸不着的,法律上称为"无体物"。人们需要各种精神产品,是为了满足精神生活的需要,着重于"产品"的个性。

(3)两者的区别

①标准:各类物质产品制定统一的质量标准和安全标准,要求每一个产品都必须符合该类产品的统一标准。精神产品不可能像物质产品那样,制定统一的"质量标准"。即使两位作者就同一题目进行创作,也绝不可能产生两部思想、内容完全相同的作品。

②物质产品的消费特点:物质产品的消费具有排他性和一次性消耗的特点,精神产品具有共享性,它原则上可以毫无缺损地被所有人享用,而且由于它的历史传承性,它也可以被世世代代的人们反复"消费"。

2.1.3　文化产品的性质

文化产品,具有精神产品与物质产品的双重性质。

作为物质产品,文化产品要考虑投入、产出和成本核算,要注重产品物质材料的选择,重视商业化、流行性因素,追求经济效果。

作为精神产品,是一种社会性和精神性的存在。文化产品要有创新性内容,要满足人们日益增长的精神文化需求,如书画、摄影、音像、工艺制品等,要具有能够影响人们精神世界和指导实践活动的社会效果,并通过信息、宣传、教育、文娱等功能,担负着精神文明建设的重任,又如艺术表演、文字设计、策划、咨询、公关等。

文化产品的物质产品形式,是其精神产品内容的载体,而精神产品的性质才是文化产品的决定性本质。物质产品与精神产品的双重属性,决定了文化产品不仅要追求社会效益,还应该把产品的社会效益作为开拓市场、生存发展的主要动力,创出自己的名牌,这是文化产业的生命力之所在。

我国自20世纪80年代初以来,进行的以建立社会主义市场经济体制为目标的经济体制改革,不仅对我国的经济活动和经济制度产生了深刻影响,而且正在引起包括上层建筑在内的其他非经济领域的变化,文化领域也是这样。江泽民同志指出:"在当代中国,发展先进文化,就是发展有中国特色的社会主义的文化,就是建设社会主义精神文明。"如果把上层体制看成是"整个国民经济运行体制中的一个不可或缺的组成部分",那就必然要把建设社会主义精神文明看成是"整个国民经济运行体制中的一个不可或缺的组成部分",把社会主义精神文明建设纳入市场经济的轨道,这个结论显然是荒谬的。最近几年,我国教育领域,尤其是基础教育领域所表现出的一些问题,其中的一个思想根源就是关于教育产业化的思想。胡锦涛同志在全国宣传思想工作会议上发表重要讲话时指出:"坚持把社会效益放在首位,认真严肃地考虑精神文化产品的社会效果,在这一前提下努力实现社会效益和经济效益的统一。"这实际上已经提出了文化产品的两重性问题。

2.2　文化生产的形态

　　文化,不仅是社会意识形态,而且是一种生产形态。文化作为符号,表达系统的形成,缘于人类在日常生活中交往和沟通的需要。个体与外界,每时每刻都在发生各种各样的联系和交往,对个人来说,这种交往和沟通必须依赖于文化。同时,文化还是人类组织生产和交往的社会结构性因素,社会是在文化的意义上显现的。文化的价值形态具有多样性,但是,从文化与社会的关系上看,多样性的文化价值形态无非是表现为个体与社会、个体与个体、个体与自我的关系。而从文化生产与文化价值的关系看,文化生产作为人类基本的生产方式,是创造、传播和是吸纳文化价值的生产过程。

2.2.1　文化生产的定义

　　"文化生产"是"生产的一些特殊的方式,并且受生产的普遍规律的支配"。马克思从人的社会本质是生产实践活动的观点出发,认为文化属于"精神生产"的一种,因此也是一种生产形态。所谓文化生产,简单地说,就是以创造观念形态的精神产品为目的的生产。

2.2.2　文化生产的性质

　　一般地说,文化生产的性质是由其社会经济结构,即社会生产方式决定的。在不同的社会生产方式下,会有不同思想意识和政治内容的精神文化生产。文化生产和文化产品一样具有双重性。

1）文化生产的社会性

文化生产属于社会，其中的一部分则属于社会意识形态或思想上层建筑。社会意识依赖于社会存在，但其存在的意义在于对社会存在具有反作用；上层建筑依赖于经济基础，但其存在的意义则在于对经济基础具有反作用。

文化生产所具有的特定的社会属性，反映特定的社会关系，在不同的社会生产方式下，就会形成不同的文化生产内容。

文化生产的社会性是通过文化产品和商品的提供来实现的，如教育（尤其是基础教育）、科学（尤其是基础科学），涉及全民的素质，应该以无偿的方式提供给每一个社会成员，其运行在本质上不能运用市场经济机制。

2）文化生产的经济性

文化生产的经济性是指商品形式的文化生产，文化生产过程中所具有的经济性。商品是价值和使用价值的统一。物质资料产品是价值和使用价值的统一，使其成为完全意义上的商品，因此，物质资料的生产科称得上是完全意义上的商品生产。文化生产过程包括精神生产过程和物化生产过程。其中，物化生产过程体现了文化生产过程的经济性。

文化产品不仅有精神价值，在市场经济中也会有经济价值，并且，精神价值往往还要通过经济价值来得以实现。社会主义市场经济要求文化生产者的劳动在等价交换中得到其价值的实现。随着市场成为物质生产要素配置的基础性机制的形成，文化生产所必需的各种物质要素几乎全部都要从市场中获取，其价格也随市场升降。与物质商品的市场相对应，事实上已经出现了一个文化市场。许多文化产品，无论其生产单位属于何种性质、按什么要求和方向生产，最终往往都要在市场上相互竞争，以实现自身的经济价值，等等。这些都是文化生产中的经济性因素。

2.2.3　文化生产形态

1）原创性文化生产形态——原始创作

文化生产者（作家、艺术家、理论工作者）以个体性精神劳动形式，按照个人的意愿，为了表达自己的思想、情感和对社会、人生、宇宙等的看法而进行的精神生产活动及创作或写作，是整个文化生产的前形态——原创形态。原创性文化生产形态是文化生产的核心形态,也是文化产品的生产程序的基础。例如,口口相传的神话、传说和民间故事等,以及艺术表演、演讲、授课等活动。

2)物态化文化生产——机器复制

运用社会化生产工具将原创性文化产品制作、加工、复制、转化为社会产品的生产过程,是整个商品经济条件下文化生产的后形态——物化形态。其特征是将具有价值的原创态成果转化为具有使用价值的物化成果。

文化生产规律:原创性文化生产和物态化文化生产是两个独立的生产形态,构成了文化生产的前后两个环节。

3)第三种形态——原创性直接转化为物态

文化产品以原创作品形态直接进入商品流通领域,如美术作品。唯有原创才具有商业价值,价格取决于作品本身,如果创意、技法不同则导致文化产品的价格极端高低不等,甚至无人问津。

以物质生产部门、服务生产部门和以科学产业、文化产业组成的知识生产部门共同构成的三维产业结构,已经成为当代发达国家产业结构的特征。

2.2.4　文化生产的价值特征

在日常经验中,价值是能够满足某种欲望的客体或客体的性质。而席美尔的价值概念有两个基本要素:一是价值作为客体的性质,价值的发生是在一个客体与客体分离的过程;二是主体追求某种欲望满足,是一个附带牺牲的选择过程。经济领域的价值基础是效用。文化生产过程赋予了生产创造的文化以价值,其基本特征是效用,表现为社会和个人对文化的需要。文化价值的社会性决定了文化生产创造的价值是在呈现过程中发生的,即席美尔所说的是在主体和客体相分离的过程中产生的。文化价值的呈现过程既受到时间和空间的限制,也受到呈现方式的制约。因此,社会生产方式及生产条件的变化对文化生产创造的文化价值特征有着深刻影响。

2.2.5　文化产品的差异

生产形态规定了文化产品的差异性。原创态文化生产的成果是原创作品,是物态文化生产的起始状态。并非所有的原创作品都能进入物态化生产程序而最终进入流通领域。而物态化文化生产的产品是进入流通领域的文化商品,依据市场需求和原创作品的价值,通过资本运作再生产,使原创作品转化为商品。

2.3　文化生产的特点及阶段

文化生产由原创态到商品化,由个体手工操作走向社会化生产,新技术革命给文化商品带来的文化价值的增值,使文化生产具备了现代产业的性质。

2.3.1　现代文化生产的特征

1)较高的知识、技术和智能的综合性

现代文化生产的本质:是知识的转移和智力的开发,是较高水平的智力运动。

2)高度的创造性和探索性

文化生产是一种高度的、前所未有的创造性和探索性的生产。精神和发展需要,休闲的审美需要、对人生和宇宙的深刻思索需要。

3)文化和知识的再生产

现代文化生产是人们发明、创造和转化各种文化和知识的运动过程,它通过文化和知识流的运动和反馈,使社会原有的文化和知识结构处在不断积累、创造的运动中。特别是社会文化人格的整体塑造和文化决策,就是原有的文化和知识经过脑力和智力劳动的加工综合,运用现代生产手段产生巨大智慧效益的过程。

4)文化生产过程和结果的双重存在

流通领域的商品,具有离开生产者和消费者而独立存在的形式,生产者的行为和过程并不作为商品进行交换。但文化生产中,无论是生产行为还是交换方式,存在生产过程和结果同时存在的现象,如舞台演出。

2.3.2　文化生产的特点

1)文化生产目的的特殊性

文化生产的目的就不仅是为了生产出能满足消费者需要的文化商品,而且是为了满足社会发展的需要。一般物质生产劳动的目的是为了满足人民群众日益增长的物质需要。而文化生产的目的是为了实现满足消费者的需要和满足社会的需要的统一。但是,从文化生产的双重目的来看,两者是相矛盾的。许多消费者所需要的,往往是和社会整体要求相背离的;而社会需求发展的,消费者也不一定就十分欢迎和需要。当两者矛盾时,必须要把满足社会整体需要放在首位,而不是使文化生产只是以满足某些消费者的低层次需要为主要目的。

2）文化生产对象的特殊性

文化生产对象来源于社会生活。文化生产过程就是文化生产者对人们社会生活进行提炼、加工,创造出文化产品和商品的过程。

3）文化生产时间的特殊性

文化生产时间的最大特点是劳动时间的不确定性。由于文化生产是以脑力劳动为主的生产,因此整个生产过程在很大程度上不受某一特殊劳动岗位的限制。这样,对生产时间的计量,也就不能仅局限于文化生产者在某一岗位上的生产时间。除此以外,还应该包括在其他场合的生产时间。

2.3.3 文化生产的阶段

文化生产的阶段,即文化生产过程包括精神生产过程和物化生产过程。目前社会主流话语广泛使用的是狭义文化概念,指的是精神文化。故所谓文化生产,就其本质来说是精神生产。精神生产过程中产生的是创作、创造、创意。在文艺作品的创作过程中需要大量的创意,电视电影中优秀的剧作文本,歌坛中动人心弦的旋律和唱词,有着深厚历史文化底蕴的园林意境的点化和设计,文艺作品、科学读物、学术著作等是电影产业、音响产业、旅游产业、娱乐业、出版业的原创、起点、基础和核心部分。而物化生产过程是文化生产过程的延续,即生产文化产品的位置外壳的过程。文化产业向消费主体提供的是精神享受和情绪快感,主要属于"体验性消费",辅以"服务性消费"。人类消费的历史进程大致如下:近代工业文明及此前的农业文明社会,其消费方式是"物质性消费",服役"服务性消费";后工业文明即产业化时代,则逐渐过渡到"服务性消费"与"体验性消费"相结合。尤其是"体验性消费",集中而突出地体现在当代文化产品的消费上,以追求精神满足、审美快感和人生完善为消费宗旨。

所以物质产品是一个复制、规模化、产业化、经济化的过程。文化生产的各个阶段以及各个阶段的关系正如图2.1所示。

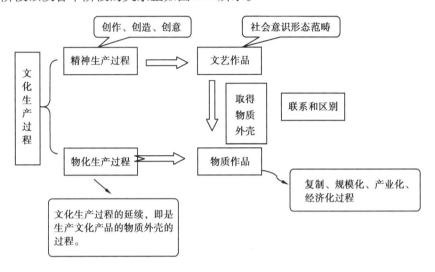

图2.1　文化生产的各个阶段以及各个阶段的关系图

2.4　文化产品的管理

由于文化产品具有精神性和思想性,文化单位有事业性和企业性之分,因此,文化产品具体的管理行为和方法,又有不同于其他商业产品的特点。文化既然有了产品,又成为市场的一部分,就需要有微观和宏观的管理。

2.4.1　文化产品的微观管理

1)文化产品微观主体的定义

文化产品微观经济活动是指生产者和消费者等经济主体的经济行为。文化产业的微观经济主体就是从事文化生产、传播和销售,以及相关经济活动的组织或者个人。

文化产品微观经济主体可以分为文化企业、文化事业单位或非营利性单位以及个人3种基本类型。文化企业是最为重要的微观经济活动主体。

2)文化产品微观组织管理的职能

文化产品的微观组织管理遵循管理学的一般规律,体现了计划、组织、领导和控制4项基本的职能。

（1）计划职能（Planning）

必须规定组织的目标以及如何实现目标。计划职能包含制订组织目标、制订整体战略以实现这些目标，以及将计划逐层展开，以便协调和整合各种不同类型的活动。

（2）组织职能（Organizing）

管理者还承担着设计组织结构的职责，包括决定组织要完成的任务是什么，谁去完成这些任务，这些任务怎样分类组合，谁向谁报告，以及各种决策应由哪一层级制订。例如，一部影视片的摄制，制片人、导演、演员、场记等都必须各司其职，才能保证新片的顺利拍摄。

（3）领导职能（Leading）

每一个组织都是由人组成的，管理的任务是指导和协调组织中的人。当管理者激励下属，指导他们的活动，选择最有效的沟通渠道，解决组织成员之间的冲突时，他就是在进行领导。

（4）控制职能（Controlling）

当设定了目标之后，就开始制订计划，向各部门分派任务，招聘员工，对员工进行培训和激励。如果目标出现任何显著的偏差，管理的任务就是使组织回到正确的轨道上来。这种监控、比较和纠正就是控制职能的含义。

2.4.2　文化产品的宏观管理

宏观制定文化产业的总体发展方向和指导方针，并通过相应的税收、财政和价格政策，对文化产品试行宏观调控和指导。调控的主体是国家，具体执行者是各级政府机构。

以管理主体政府为着眼点，文化管理体制的基本框架是清晰且明确的，主要包括：

1）政府管理的基本职能——规划、指导、协调、监督和服务

文化建设的发展，既要发挥市场机制的调节作用，又要加强政府的宏观调控职能。政府要加强文化经济政策研究和文化经济立法工作，通过经济、法律和行政的手段，对文化产/事业运行实施规划、指导、协调、监督和服务。政府作为公共管理部门，其文化管理职能可分为3个层次：宏观层面主要是制定文化发展战略、规划和具体的方针、政策；制订文化资源开发、技术改造和智力开发等方案；

确定各个时期文化产/事业的投资规模和方向。中观层面主要是汇集和传播文化经济信息,调节文化产品的供求和结构平衡;协调各地区、部门准入、市场竞争、市场退出等有关规则,确保文化企业在公平、公正、公开的基础进行竞争。微观层面主要是通过微观规章制度,赋予微观主体独立的经营地位,引导和规范经营主体的行为,按规定范任免文化工作干部等。宏观、中观、微观3个层次上的管理,形成完善的管理体系,这样既保证市场机制对文化资源的优化配置,又能确保政府的间接宏观调控。

2)政府管理的对象——企业化经营的文化企事业单位

文化企事业单位,是整个文化产业赖以运行的"细胞",是文化管理体制的基础元素。构建新型的社会主义文化管理体制,理所当然包括对传统的文化企事业单位微观经营机制进行改革和重建,实行企业化的经营机制。文化企事业单位要逐步走向产业化经营,以社会效益为前提,努力实现经济效益。企业化经营必须是文化企事业单位成为自主经营、自负盈亏、自我发展、自我约束的法人实体。由于文化产品的特殊性,使得文化企事业单位不可能向工商企业那样全面卷入市场关系,全方位地追逐产值和利润的极大化。

3)政府管理的手段——经济杠杆、文化法规、专项基金和行政干预

在市场经济条件下,文化产/事业的发展既要充分发挥机制在文化资源配置中的基础性作用,又要发挥政府有效的宏观调控,实行基础性的市场调节和协调性政府调节结合的间接调控体系。通常,政府调节包括经济杠杆、文化法规、专项基金和行政干预。4种手段各具利弊,因此要多种调节手段相互配合、刚柔相济,形成有效的综合性调控机制体系。宏观调控的主要任务是:保持产品供需的基本平衡,促进产业结构优化,引导文化产品事业的持续快速健康发展。

2.4.3 文化产品管理的基本原则

在文化产品管理中需要遵循的基本原则包括:

①社会效益和经济效益相结合的原则。文化产业具有产业属性和意识形态属性双重特性,这决定了文化产业经营管理不能仅仅考虑经济效益而损害社会利益,也不能单一地追求社会效益而忽视经济效益。

②公益性文化事业与文化产业相分离的原则。公益性文化事业与文化产业提供不同的文化产品和服务,需要分类管理。

③民族文化艺术的传承和保护原则。民族文化是一个国家或民族的宝贵财富,文化产业的管理者要把本民族的文化艺术传承和保护作为管理的原则。

2.4.4 文化产品管理的特殊性

文化产品管理与其他方面的管理有着本质的不同,其特殊性在于:

①文化企业生产和提供的主要是精神产品,其产品和服务中所蕴涵的精神内容是核心,因此,文化企业在投入要素、生产和销售等方面都有其特殊性。从投入要素来看,文化企业投入的最重要的生产要素是人力资本、知识产权、创意等无形要素。而一般制造业和工业企业通常以物质资源投入为主,最终产品表现为具体的物质形态和功能。

②精神内容的生产和再生产有着自身的规律,精神内容可以被复制,并不会像物质材料那样在生产过程中自然地消耗。

③对精神产品的消费是一种心理体验过程。因此,精神产品的销售与一般产品的销售不同,必须将消费者在购买决策过程和产品移交过程中的心理体验作为营销的核心。

④由于文化产品和服务具有意识形态的属性,因此文化企业的经营管理活动受到外部或政府意识形态管理的影响。

第3章 文化资源与文化产品

文化资源是一个涵盖很广泛的概念,有人说,除了自然资源,都是文化资源。这个说法有一定的道理,因为它的前提——文化,正如爱德华·泰勒所说,本身就是一个"复合的整体""它包括知识、信仰、艺术、道德、法律、习俗和个人作为社会成员所必需的其他能力及习惯"。当然,文化资源并不能完全等同于文化,加了"资源"一词就意味着它已经拥有过去时态(时间性)、可资源利用(效用性)等含义。我们可以认为,文化资源可用于指称人类文化中能够传承下来,可资源利用的那部分内容和形式。因此,文化资源是人类劳动创造的物质成果及其转化的一部分。

3.1 文化资源的存在形式

3.1.1 文化和资源的含义

文化,是人类在其社会历史发展中不断创造、总结、积累下来的物质财富与精神财富的总和。因此,文化是一种历史现象,是历史发展的体现。正因为如此,无论人们承认与否,文化从客观上都存在着一种极其强烈的、割不断的历史传统性质。无论何种文化,其本质性的、深刻的内涵是哲学,是价值观、人生观、世界观、生存思想与方法的各方面体现。所谓"中华传统文化",就是中华民族在自己生存的土地上,在历史长河中,不断创造、总结、积累下来的物质与精神财富的总和。"中华传统文化"的灵魂就是中国古典哲学思想理论体系,其哲学经典就是《易经》《黄帝经》,其文化内涵就是中华"道理"在物质与民族精神上的体现。文化与文明是紧密相连的,只有文化达到高度发展,才有人类的文明与进步。在中国,文化和文明原本都是哲学用语,其词首见于《易经》,如"文明以正""文明以说""刚健文明""天下文明"等。

什么叫作"文"?综合古籍文义,知道天地相交、阴阳互依、刚柔并济、相反相成之道,通其变化,知其必然,并以之律己、齐家、治国、平天下,谓之"文"。如《周易·系辞》说:包牺氏"仰则观象于天,俯则观法于地,观鸟兽之文,与地之宜,近取诸身(阴、阳),远取诸物(天、地、山、泽、风、雷、水、火),于是始作八卦,以通神明之德,以类万物之情。"又言,"参伍以变,错综其数,通其变,遂成天地之文"。《易经》总天道、地道、人道、时变之四维为一个整体,纵横道理而求其德,故有"天文""人文""鸟兽之文"等不同的分称。若用现代通俗之语表述,就是研究、总结、掌握了客观自然规律,以之为指导思想而做事业,就是"文",它属于形而上的抽象范畴。唯其如此,古人造字就突出地强调其"人文"特点:画一个正面站立的人形,在其胸部画出一个"心脏",表义为:研究天地万物而明其道,就必须用心思考。

什么又是"化"呢?化者,"教行也"(《说文解字》)。"观乎天文,以察时变。观乎人文,以化成天下"(《周易·贲·彖传》)此之谓也。

所以,说到"中国传统文化",它就与以下 4 个命题密切相关:第一,中国传统文化,是以中国的天道、地道、人道、时变四维一体的哲学思想理论体系为其灵魂的,这是它在世界各种历史文化中显著的特点之一,也是其博大精深的根本性原因。第二,中国传统文化,是与国家制度密切相关的,"五帝时期"形成的是以民为本、爱地亲民、以道立法、以法治国、选贤任能、刑德相养、执法有度、富民强国、明民而治的思想文化;自夏禹以来,所形成的是唯皇作极、以官为本、任人唯亲、神道设教、愚民而治的独裁专制封建文化;自百家争鸣以来,民主法制与独裁专权两种思想文化相互交织而存于诸子之说中。因此,弘扬中国传统文化,首先就有一个分清精华与糟粕的工作必须仔细地进行。第三,中国传统文化,是与仁、义、礼、智、信、温、良、恭、俭、让、忠、孝、节、悌等行为规范的社会教化相关联的,抽去了社会教化,缺少了具体的道德规范,就无以传承。不能进行历史传承,造成了文化的历史缺位,就谈不上文化的弘扬。第四,中国的传统文化,其最为显著的特点之一,就是人与自然万物的和谐相处,更是人与人之间的和谐相处之道,这个特点不是如何教导别人,而是内省,"吾日三省吾身"(《论语》),"克己复礼为仁"(《论语》),此之谓也。

所谓资源,是指在一定的社会历史条件下存在着,能够为人类开发利用,在社会经济活动中经人类劳动而创造出财富或资产的各种要素。资源就其属性和存在形态可分为：自然资源和人文资源、有形资源和无形资源、物化资源和非物化资源。

3.1.2 文化资源的含义和存在的形式

所谓文化资源，是指可以开发来用于生产过程从而创造出财富的文化活动形式及其成果，是人们从事文化生产或文化活动所利用的各种资源的总和，是指可以开发来用于生产过程从而创造出财富的文化活动形式及其成果，是人类所创造的物质文化、制度文化和精神文化遗产的总和，是指前人所创造积累的文化遗产库和今人所创造的文化信息的总和。

文化资源具有多样性、可再生性、传承性、稳定性、共享性、地域差异性等主要特征。文化资源是一个外延非常丰富的系统。从资源的构成来看，没有任何一类资源比文化资源的构成更加复杂和多样。这种多样性的原因可以归结为文化资源是同人们的生产生活联系最为密切的资源。文化资源以精神形态为主要存在形式：文化资源既有物质的存在形式，又有精神形态的存在形式，但物质的形态最终还是服务于精神形态的。物质型文化资源，如历史遗迹、名山大川、古代建筑、非物质遗产等；精神型文化资源，如音乐、绘画、图书、游戏、动画节目等。对于文化资源深层次的开发和利用，不仅看其外在的物质形态，而主要是看它满足人们精神需求的程度。

文化资源，顾名思义，是指可以用来创造出财富的文化形态。这一命题中，有着 3 项要素，即文化、文化资源和财富。三者之间的关系可以用下述公式表示：文化——文化资源——财富。可以看出，文化资源一端连着文化，一端连着财富。文化的形态很多，但并非都同财富创造相联系。创造财富的资源形态同样很多，却并非都与文化相联系（檀文茹，2009）。从形式上划分，物质性：历史遗存、特色民居、民族服饰、民间工艺等；非物质性：语言、文字、音乐、舞蹈、习俗、节庆等。

文化资源是人类劳动创造的物质成果及其转化。按历时性可以分为文化历史资源和文化现实资源两大类。文化历史资源主要指前人所创造的文化的凝聚，按是否有实物性形态，又可分为有形文化历史资源和无形文化历史资源，其典型代表是文化遗产。文化遗产按物质形态也可以分为有形文化遗产和无形文化遗产。有形文化遗产是指已经出土的与尚埋藏在地下的各种文物。可移动的文物包括历史典籍、艺术品、及其他各类器物；不可迁移的历史遗迹包括建筑、壁画、聚落、石刻等,其中部分器物和建筑仍在使用。无形文化遗产是指以人为载体,依赖人的声音、形体动作、表演等人的行为而表现的文化形式,如世界口头与非物质文化遗产、节日、信仰、仪式等。

文化现实资源是指人类劳动创造的物质成果的转化。按物质成果转化的智能含量,又可分为文化(现实)智能资源和文化(现实)非智能资源。文化(现实)智能资源简称文化智能资源,是指通过人的智力运作发挥知识的创造力,在产业运行中创造价值,实现价值的增值,其资本属性由智能资产的结构决定。文化智能资源价值的大小取决于智力和知识的结构及其融合程度。

3.2　文化资源与文化产品的关系及开发

文化资源作为一种特殊的综合性资源构成,在今天的经济社会发展过程中具有重要的开发价值。文化资源可分为历史名人、古迹名胜、特色物品、非物质遗产等。对文化资源的开发,必须走依托载体、市场化开发和政府扶持、多方推动的产品开发之路。坚持因地制宜、整体与重点相结合、开发利用与保护相结合、经济效益与社会效益并举的原则,通过项目开发模式、资源的单体开发模式、节庆开发模式和运营商开发模式等实现文化资源的产品开发,来推动区域经济的快速、和谐发展。

我国文化资源的比较优势非常明显,但是这种比较优势还没有得到充分利用。目前,在我国利用文化资源转化为产业资源,最终形成文化产业的过程中,还存在一些问题亟须解决。对文化资源来说,谁占有它并不重要,重要的是谁将其开发成文化精品,谁才能真正拥有它,才能获得更多的社会效益和经济效益。美国的动画片《花木兰》和《侏罗纪公园》等就是典型的例子。

3.2.1　文化资源实现产品开发的关键

文化资源的产品开发过程中包含了资源的整合、产品形成过程,也包含了利益的重组过程。将文化资源的开发纳入市场运作的轨道,形成与市场机制相匹配的文化资源开发管理机制已经成为欠发达地区文化资源开发的当务之急。

1)文化资源的产品开发必须解决人力资源的制约问题

开发文化资源是智力投入最大的领域之一,包括文化资源存量的调查、资源开发的规划与设计、项目管理、文化企业的经营管理、文化市场的拓展与产品营销等。在欠发达地区,能否解决文化资源开发所需要的人力资源,将直接关系到文化资源开发的整体水平,甚至地方文化资源开发的成败。因此,从地方文化资源的产品开发的实际需要出发,多渠道和有针对性地培养人才是成功开发文化资源的基本保证。

2）文化资源的产品开发必须"神""形"兼备

文化产品的魅力所在,是文化本身的独特"神韵",它是文化资源的灵魂,更是文化产品的"卖点"与吸引力所在。文化资源的产品开发是一个资源整合与加工、提炼与升值的过程。在这一过程中应通过资源"神"与"形"的传承与提升来进一步展示文化资源的独特魅力。而绝不能为了想当然的开发而开发,最终导致虽然开发出了产品的"形",却丢掉了资源的"神",成为"文化垃圾",既破坏了资源,也失去了卖点。

3）文化资源的产品开发地方政府必须科学作为

文化资源的产品开发是一个系统工程,它涉及多个利益主体,众多制约性因素。因此,在文化资源的产品开发过程中,政府必须要有所作为。但与此同时,文化资源的产品开发,又是市场条件下资源产品的转化过程,所开发产品能否为市场所接受,能否最终实现资源的货币体现,起决定作用的是市场,而不是政府。这就要求地方政府"既要有所为,还要有所不为"。近年来,文化产业开始步入成长期,文化资源开发也渐入佳境,于是有些地方便想当然地匆忙上阵,结果却事与愿违。有的地方政府在缺乏市场经济管理经验的情况下,在对外合作开发中就大包大揽,"越位"作为,结果使政府陷入被动。作为地方政府,必须站在全球角度,多学习其他国家的先进经验和科学运作模式,多整合"好人"和"能人"资源;必须站在地方经济整体产业链布局的高度,挖掘和整理有价值的文化资源,实现文化产业的创新和突破。任何盲目及胆小,任何瞻前顾后及缺乏民族精品意识的行为,都会阻碍文化产业资源的整体开发。

4）文化资源的产品开发必须上升到国家战略层面

纵观全球经济,自 2008 年金融危机爆发以后,在 NASDAQ 所有板块中唯一没有下跌的就是文化传媒板块,这也彰显了全球经济领域的投资方向。很多国家在该领域的政策设计更加积极主动。韩国原文化观光部长官南宫镇曾经说："19世纪是军事征服世界的世纪,20世纪是经济发展的世纪,21世纪是以文化建立新时代的世纪。"

中韩两国隔海相望,历史源远流长。中韩建交16年以来,文化交流成为两国关系中的一个亮点。双方的文化交流自官方层面迅速向民间扩展,发展势头迅猛。2004年底,世界上第一个中国孔子学院和亚洲第一个中国文化中心在首尔挂牌。在韩国掀起了被称为"汉风"的中国热。20世纪90年代末,特别是进入21世纪以来,随着韩国影视剧、韩国流行音乐、韩国明星登陆中国内地,一股强劲的"韩流"以掩耳不及迅雷之势在一夜之间吹遍大江南北,它吸引着众人的眼球,更让年轻人变得如痴如醉、疯狂前卫。

韩国文化进入中国,影视剧产业功不可没。一路飙升的韩国影视剧,从1993年中国首次引进韩剧《嫉妒》,到1997年央视播出家庭伦理剧《爱情是什么》,1999年的《星梦奇缘》和《天桥风云》,近几年反复重播的《澡堂老板家的男人们》《看了又看》《人鱼小姐》《黄手帕》《大长今》和《加油,金顺》,再到2008年的《新进职员》《爱情需要奇迹》《百万新娘》等韩剧,就如同韩国的泡菜一样,以平实的特质和独有的魅力开始吸引越来越多的中国电视观众。韩国影视剧为何能走出"国门",深受中国观众喜爱,并在中国风行同时引发了一场流行的高烧?

第一,从中国方面来说,有着五千年悠久历史的中国曾是世界上最大的文化输出国之一,中华文明及其思想文化体系在世界具有广泛的影响。近代以来,中国的文化输出国地位逐渐被取代。改革开放以来,中国的物质文明和精神文明都取得了较大的发展,但经济的持续增长与社会文化发展的相对滞后一直存在强烈反差。中国的本土文化越来越缺乏原生性和创造性,越来越脱离人们的生活和真实情感,这也是"港台"风刚刚过去,"韩流"就热起来的一个重要原因。

中国和韩国同处于东亚地区,在地缘上有一种亲近感。两国同属于以重人伦为内在本质的汉文化圈、儒家文化圈内,因此,两国在文化根基、价值观念和行为方式等方面都存在相通之处。与欧美文化、日本文化相比较,韩国文化显得优雅而恬淡,和中国人的价值观念、审美情趣比较相近,正所谓"同声相应,同气相求"。所以,对"韩流"文化中国人容易产生心理认同,比较容易接受。中国的传统文化至今在东方各国文化中占有很大的分量,但在其发源地的现今中国,传统文化的丰富内涵与现代文化的融会点却很难找到,于是人们必然要寻找其他自己喜欢的来代替。"韩流"文化在某种程度上弥补了这个空白。在韩剧中,我们经常看到尊老爱幼、谦逊礼让、提倡节俭等中华民族的传统美德。同时,韩剧又在创作上推陈出新,迎合观众常看常新的心理诉求。中国观众从韩剧中不仅能够尽情感受韩国传统文化的特色,而且能从韩剧中回味自己国家五千年历史和礼仪之邦的中华传统文化的韵味,这的确是一种文化享受。

第二,从韩国方面来看,首先,得益于政府的有效支持。韩国政府把包括影视产业在内的文化产业作为国家战略产业。1998 年亚洲金融风暴后,韩国正式提出了“文化立国”的救国方针,时任韩国总统的金大中宣布:“21 世纪韩国的立国之本,是高新技术和文化产业。”在 1999 年至 2001 年的 3 年间,韩国政府先后制定了《文化产业发展五年计划》《文化产业前景》和《文化产业发展推进计划》等一系列战略政策,明确了文化产业发展战略和中长期发展计划,并相应推出一系列重大举措来推动文化产业发展。其次,积极进行文化输出。因韩国本土市场小,韩国文化产业的战略目标不是把国内市场作为主战场,而是进军国际市场。

从韩国影视剧本身来看,韩剧自身的制作颇具特色,使之在中国文化市场上具有强劲的竞争力。首先,从内容来看,爱情、亲情、友情、伦理和信义是韩剧的表现主题,也是最打动观众情感的核心内容。韩剧大多描写日常生活中的小人物和小事件,表现手法朴素平实,故事看似老套,然而剧中人物在爱情、责任和良心之间的波折和煎熬,同样考验着观众内心的情感尺度。其次,韩剧处处体现出特有的民族文化烙印,也是其广受欢迎的原因之一。无论是古装剧,还是偶像剧、家庭剧,观众从中所获得的不仅是故事情节曲折跌宕中的观赏愉悦,还有对异国文化和生活情趣的好奇心的满足。韩剧吸取和消化了好莱坞肥皂剧和日本偶像剧的长处,用细腻的情感、精美的画面和感人的音乐进行精致的包装,加上韩国的民族理念,形成了自己的特色,如充满伦理道德和注重人文关怀的生活剧、风格缠绵悱恻人物纯净凄美的爱情剧,都能在流行文化中独树一帜。

第三,从中韩的外交、经济关系来看,中韩在历史上一直保持着友好的传统往来关系,为韩国影视剧在中国的传播创造了良好的环境。中韩两国隔海相望,两国人民自古就友好交往。中韩建交虽然只有十多年,但中韩关系却取得了全面发展,两国已经相互成为重要的贸易伙伴和投资合作伙伴。中韩关系的友好,客观上为韩国影视剧在中国的传播创造了良好的环境。

文化不仅是综合国力的一部分,而且是软实力的核心要素,因此文化在国家建设中的作用是绝对不容忽视的。正是由于及时认识到了文化对国家发展的作用,韩国政府才创造了将本民族特色和现代气息有机融合的新文化,成为亚洲和东方文化的一个典型代表。

"韩流"的流行岁月,正是韩国文化产业的发展过程,反映的也是东方文化的现代化过程,值得开放的中国借鉴。这其中应注意以下几个问题:一是应把文化艺术事业的发展和文化发展的产业化加以区别。经验表明,并不是所有的文化艺术部门都能够实现产业化。二是应逐步实现对所有文化产业部门进行大文化概念的集中统一的协调管理。三是应鼓励经济与文化联合体的建立。四是应预防文化产业发展中出现单纯商业化的倾向。

如像日本、美国等国家,更是把文化产业的发展作为一种新型的战略武器,其现实的功效也就显而易见。

3.2.2 文化资源的产品开发思路

从资源到产品的转化过程,既是一个物态转化过程,也是一个经济价值增值的过程。文化资源因受其自身特性作用,其产品开发必须树立以下基本思路:

1)依托载体,市场化开发

文化资源开发,特别是非物质文化资源的产品开发,不同于自然资源的产品开发,其本身的产品化过程,必须借助于产品化的表现载体,即一个承载平台。否则,其产品化形态将无法得到具体体现。如陕西西安的"大唐乐舞"、广西桂林阳朔的"印象刘三姐"、云南丽江的"纳西古乐"等。这些著名的文化资源如果没有一定的具体表现载体,很难走进市场,并成为文化产品的品牌。不可否认,各地都有丰富多彩的文化资源,但往往是听着极好,看后失望。这里固然有资源本身的品位问题、市场发育程度等原因,但更重要的是其产品化程度不高。

2)政府扶持,多方推动

文化资源开发往往是投入大,开发周期长,资本回收周期同样较长的投资活动。与此同时,由于文化资源的本身的属性所在,它必须有政府的大力扶持和利益协调。同时也需要多方的共同参与,使投资主体多元化,开发模式多样化。这样既有利于开发资本的聚集,也有利于降低投资风险。

3.2.3 文化资源实现其产品开发应遵循的基本原则

文化资源是一种特殊的资源构成,这就决定了我们在进行产品开发时必须遵循以下基本原则:

1）遵循因地制宜的原则

文化资源的形成过程、构成要素、区域自然环境和人文环境等的不同,决定了不同文化资源呈现出很大的地域性特征。同时,不同区域间的经济发展水平、市场发育程度的差异,又使文化资源实现其产品转化的市场条件和机制呈现出不同的区域性差异。这些客观差异性的存在,使得我们在进行资源的产品开发过程中,必须遵循因地制宜的原则。

2）整体与重点相结合的原则

文化资源生生不息、源远流长的源泉所在,除了其独特的地缘要素之外,就在于文化资源各分支系统的相互依存关系。任何一个地方的文化资源都是该地文化资源集合体中的一个构成要素。如巴蜀文化资源、中原文化资源、齐鲁文化资源、秦文化资源、楚文化资源等无不如此。一种地域文化资源的共性要素是其存在发展的根基,而个性特征则是其鲜活生命力的表现。因此,在实现文化资源的产品开发过程中,就不得不突出重点,以张扬出地域文化的鲜明特色。

3）开发利用与保护相结合的原则

文化资源是一种资源集合体,在其构成要素中,既有物态型资源,又有非物态型的精神文化资源。非物态型资源可重复使用和更新发展。如一个历史传说,可以被影视、戏剧、文学作品不断地重复开发利用,以不同的形式进行演绎。如《西游记》《水浒》等名著已拍成多种版本的电影、电视剧、戏曲、动漫等展现形式。一地的历史、文化传统也可以随着研究的不断深入、科技手段的不断发展,不断发掘出新的内涵,成为新的文化资源亮点,如迪斯尼、巴渝文化等。但是,某一地区的物态文化资源,则大多具有不可再生性。如历史文化遗存、遗迹、文献典籍等。部分非物态文化资源,虽可再生,但需经过特殊的传承手段和渠道,如地方戏剧文化资源、地方性绝活绝技等。如秦腔、新疆"达瓦孜"等。文化资源的这种特性,就要求我们在对文化资源进行产品开发,必须坚持开发利用与保护相结合的原则,这是文化资源文脉传承的客观需要,更是实现可持续发展的要求。

4）经济效益与社会效益并举的原则

追求经济效益是一切经济活动的根本目的和动力所在,进行文化资源的产品开发,其首要目的是通过资源的物态转换来实现资源经济价值。但是,我们应该看到,文化资源是一种特殊的资源,其自身的功能作用不仅是担当区域发展中的经济角色,而且同时兼具文化传承、民众教化、地方形象塑造等多种社会功能。单纯追求经济效益,不仅不利于文化资源社会功能的全面发挥,造成对文化资源的浪费性使用,更容易导致对文化资源开发利用的简单化、片面化和粗放型经营思想及理念的泛滥。因此,在进行文化资源的产品开发过程中,必须坚持经济效益和社会效益并举的原则。这不仅是文化资源自身价值得以全面体现和功能作用得以全面发挥的要求,更是社会文明进步和科学、和谐发展的时代要求。

3.2.4　文化资源产品开发的基本模式

文化资源的产品开发,不单单是由物→物的形态转变,或由非物质产品→物质产品的物化转变,更是一种质的转变。这种转变既包含了文化资源的样态变化,更蕴涵着其价值的增值,是一个复杂的系统过程。在市场经济条件下,实现文化资源产品开发的具体途径主要包括以下几种模式:

1)项目开发模式

项目开发模式是指通过对文化资源的遴选、整合与重组,在科学规划的基础上,推出文化资源的品牌项目或经典特色项目进行市场化运作经营,实现特色文化资源的资本转化和价值增值。这种开发转化模式需要做大量的前期项目规划论证工作,但容易使诸多文化资源系统要素得到协调发展,同时也有利于文化产品的品牌的形象塑造。

2)单体开发模式

顾名思义,这种开发转化模式是指对典型性个体特色文化资源进行直接的开发和资本转化。这种开发转化模式简单易行,特别适合于人文旅游景区点、历史街区、古建遗址、文化传说、宗教礼仪、饮食习俗等个性特征突出、相对独立性较强的文化资源系统。这种模式见效快、增值快、重点突出、特色鲜明。但不足之处在于容易造成文化资源产品开发过程中的"亲疏有别"。特别是易受市场经济利益的驱动,如果必要的宏观调控和干预不到位,极易造成"只要西瓜,不要芝麻"的现象出现,从而使某些文化资源开发不能融合区域经济社会的协调发展。

3) 节庆开发模式

节庆开发模式是指以地方节庆为载体,通过对民俗文化资源的挖掘和整合,并赋予新的地方文化资源内涵来实现对地域文化资源的产品开发模式。这一模式易于文化资源系统的整合和群体覆盖效应的产生,当然也极易产生良好的资源升值回报,而且还可年复一年地重复进行。正因为如此,这一模式被各地政府广泛地采用。其中,如山东潍坊的"风筝节"、曲阜的"国际孔子文化节"、四川成都都江堰的清明"放水节"、陕西黄陵县的清明"祭黄帝陵"、重庆丰都的"鬼文化节"、民族地区的歌舞会及大型宗教活动节庆,以及近年来许多地方举办的具有浓郁地方色彩的"文化艺术节"等。通过这些文化节庆活动的举办,不仅给地方政府带来了巨大的社会效益,提高了地方知名度,也为地方产生出巨大的经济效益,真正实现了文化资源产品开发过程中的"双赢"目标。

4) 运营商开发模式

所谓运营商开发模式,是指通过委托或承包方式,由运营商进行文化资源的产品开发。这一模式适应了当前中国快速发展的地方经济和地方政府行政管理职能的转变需求,也有利于资源向产品转化的市场运作。

第4章 文化消费与文化商品

社会生产最根本的目的是不断地满足人民群众日益增长的物质文化生活消费需要。在社会主义市场经济条件下,随着社会经济的发展,人们的收入水平提高,人们对消费结构不断调整,物质产品消费与文化产品消费日趋多元化。文化消费是人民群众日益增长的消费需求的重要组成部分。当人们的物质产品消费达到一定水平以后,人们会更多地追求精神文化消费,精神文化消费的发展就变得越来越重要。因此,有必要研究文化消费的定义、特征与内容,正确认识文化消费的经济意义与文化意义,通过考察文化消费的类型、文化消费的现状及存在的问题,进而探寻发展文化消费的措施。发展文化消费,满足人民群众日益增长的文化消费需求,必须创造出更多更好的文化商品,提高文化商品供给能力,大力繁荣文化消费市场。正确认识文化商品价值及其实现方式,不断扩大文化消费市场,了解文化消费市场发展格局、发展趋势以及未来文化消费的热点领域,对于发展文化消费产业,最大限度地满足文化消费需求具有十分重要的意义。

4.1 文化消费的意义

4.1.1 文化消费的定义、特征与内容

文化消费一般是指人们根据自己的主观意愿选择文化产品和服务,来满足自己的精神需要的消费活动,主要包括教育、文化娱乐、体育健身、旅游观光等方面的消费活动。

文化消费的基本特征体现在它的非物质性,它主要满足消费主体的精神需要,使消费主体感到愉悦、满足。消费对象主要是精神文化产品或精神文化活

动,如美丽的风景和感人的艺术品。消费主体还通过接受教育、培训使自身的人力资本得到增值等。

当前文化消费呈现出主流化、大众化、全球化、高科技化的趋势,文化消费的内容越来越广泛,不仅包括专门的精神、理论和其他文化产品的消费,而且还包括文化消费工具和手段的消费,不仅包括对文化产品(如电影、电视节目、电子游戏、软件、书籍、杂志等)的直接消费,也包括为了消费文化产品而消费各种物质消费品(如电视机、照相机、影碟机、计算机等),此外,还包括各种各样的文化设施(如图书馆、展览馆、影剧院等)的消费和使用。

在实践中,文化消费主要表现为对精神文化类产品及精神文化性劳务的占有、欣赏、享受和使用等,同时,文化消费要以一定的物质消费为依托、基础和前提。文化消费的增长也要受制于社会生产力发展水平,因此,文化消费水平能够反映一个国家社会精神文明和物质文明的程度。

文化消费并不仅仅是消费某种文化产品的过程,文化消费的过程也是一个不断创造与生成文化产品的过程。文化消费是消费主体的一种社会行为,永远都受到社会脉络与社会关系的影响。人们在文化消费过程中也在创造文化。在文化消费的过程中,进行消费的个体,并不是抽象的、单一的个体,他们有着不同的文化背景、消费经验和不同的理解能力。正像马克斯·韦伯所说的:"每个人所看到的都是他自己的心中之物。"因此,文化消费绝不是文化创造的终结,而仅仅是刚刚开始。从这个角度来说,文化消费的过程就是文化创造的过程。

4.1.2　文化消费的经济意义与文化意义

1)从经济意义上说,文化消费是调整经济结构、拉动经济增长的重要杠杆

经济学上用恩格尔系数即食品开支在家庭消费支出总额中的占比来反映人们的消费结构与生活水平:恩格尔系数数值越大,说明社会经济和生活水平越低、人们的消费结构越不合理;恩格尔系数数值越小,则说明社会经济和生活水平越高、人们的消费结构越趋合理。因此,食品等生活必需品消费支出在家庭消费总支出中占比不断降低,娱乐、教育、旅游、休闲等文化消费支出在家庭消费总支出中占比不断提高,是经济发展水平不断提高、经济结构日趋合理的必然要求和现实体现。

研究表明,只有当人均收入超过 1 000 美元的时候,人们才会产生外出旅行

的愿望,而旅行的距离与他们的收入和物质生活水平密切相关。不管购买书籍还是听音乐会,不管收藏字画还是外出旅行,每一种文化消费行为的背后都蕴藏着巨大的经济效益。文化消费的发展能促进产业结构调整,进而促进经济结构不断优化和社会不断发展进步。如果说消费是生产的动力,那么文化消费的增长所带来的就不仅仅是文化产品生产的突破,而且是整个文化产业乃至国民经济发展水平的提高、质量和效益的改善。

2)从文化意义上说,文化消费是提高人们精神境界和社会文明水平的重要手段

马克思曾经说过,当人们还不能使自己的吃喝住穿在质和量方面得到充分供应的时候,人们就根本不能获得解放。我国古人也说,仓廪实而知礼节,衣食足而知荣辱。这就表明,物质生活需求的满足对于人们思想道德素质的提高和人的全面发展具有基础性意义。然而,物质生活水平的提高并不必然带来人们精神文化生活水平和思想道德素质的提高。要实现两者同步发展,就需要借助文化本身的力量,以先进的思想文化教育人、感染人,让人们在先进文化的熏陶中不断提高思想觉悟和精神境界。我们今天大力倡导和增进娱乐、教育、旅游、休闲等文化消费,正是实现这一目标的重要手段。文化消费满足了人们的精神文化需求,与人们的兴趣爱好相契合,能够充分调动人们接受文化熏陶的自觉性和主动性,并以潜移默化的方式提高人们的文化素养和思想道德境界,进而促进社会文明水平的不断提高。

3)文化消费有利于满足人们高层次需要,增进国民幸福,促进社会和谐

需要是人类行动的原始驱动力。人的存在状态包括生理存在、社会存在和精神存在。人的这3种状态始终处于匮乏与充实之间交替循环。当人的这3种状态处于被感觉到匮乏状态时,便构成了人的需要。因此,需要是满足人的生理、社会和精神存在的再生产所必不可少的要素和动力。根据需要满足的层次,美国人本主义经济学家马斯洛把人的需要分为5个层次,即生理需要、安全需要、社交需要、尊重需要和自我实现的需要。后来,他把人的需要增加为7个层次,其中生理需要、安全需要、归属需要属于初级需要,受尊重的需要和自我实现的需要属于中级需要,而求知需要和求美需要则属于高级需要。继马斯洛之后,

美国行为激励学派心理学家奥德费(C. P. Aldefer)于 1969 年在《人类需要新理论的经验测试》一文中,又对需要层次进行了补充,把人的需求按照其性质压缩为 3 种,即生存需要(Existence Wants)、相互关系的需要(Relatedness Wants)和成长发展的需要(Growth Wants),简称 ERG 论。

根据马斯洛需要层次理论和奥德费 ERG 论,人的需要层次建立在满足上升的基础之上,表现为一个从低层次到高层次的渐进过程,消费需求发展的这一梯度递进或上升的规律是经济社会生产力发展的自然历史过程。当人们的基本需要得到满足后,必然追求身心健康、精神充实、自我完善等高层次的精神需要。因此,在生产力水平迅速提高、经济高度发达、产品丰富的现代经济社会,人们的消费早已超出了满足基本生存需要的功能层次阶段,而更多地进入具有满足精神消费、享受和发展消费的高层次功能阶段,文化消费正是属于这样一种消费形态。

经济学理论与社会经济实践告诉我们,文化消费活动的发展、成熟、规模的扩大,决定于生产力的发展、剩余产品规模的大小以及居民收入水平的提高。经济越发展,人们越需要文化消费,精神产品在经济总量中所占的比重也将越大。改革开放以来,我国社会生产力得到极大的提高,剩余产品的充足为文化消费提供了坚实的物质基础。随着人们收入水平的提高,人民群众的温饱问题已基本解决,对文化消费数量及质量的要求日益增加。加之我国市场经济的发展,文化消费需求日益多样化,文化产品和服务的生产方式和文化资源的配置方式也有了很大变化,为人们消费多样化选择提供了基本保障。文化消费有利于满足人们高层次需要,增进国民幸福,促进社会和谐。人们对于文化产品与服务的选择,不仅促进了文化产品的价值实现,而且丰富了人们的精神生活,使人们精神愉悦,幸福满足感增强,有利于社会和谐发展。

4) 文化消费有利于提高国民素质、人力资本价值提升与人的全面发展

文化消费以全面提高消费主体素质为最终目标,它不仅是人们获得知识和精神满足的手段,更是培育健全人格、提升国民素质的根本因素。优秀的文化产品可以陶冶消费者的情操,提高消费者的文化素养、道德水平、科学知识水平和生活质量。人们文化消费支出的增加、文化修养和素质的提高,有利于造成良好的社会环境。精神文化产品价值的最终实现是在与消费主体的相互作用过程中,对消费主体产生积极的效应,为消费主体服务,促进消费主体发展、完善、更

美好,从而不断满足其对真、善、美价值追求的需要,使文化消费主体的幸福感和满足感得到提升。

在现代工业文明社会,物质产品堆积如山,物质产品以其有用性来满足人们的衣食住行等生存、生活的需要,物质产品的价值实现为精神产品的价值实现提供了必要的条件和环境。但如果只注重物质享受而忽视健康、高质量的精神文化消费,就无法实现人的身心愉悦健康和全面发展,只能导致人性异化,使人变成物的奴隶。因此,在物质财富快速增长的同时,必须十分重视健康、高质量的精神文化消费,使物质消费与精神消费达到有机统一,才能避免人性异化,提高消费质量,促进国民素质、人力资本价值提升与人的全面发展。

精神文化消费是高层次消费,人们的消费不能以物质福利为满足,更重要的是满足精神文化需要。不能以物质必需品为满足,而应该满足日益丰富的、高层次的精神享受和发展的需要。人的能力的培养必须通过精神文化消费,特别是通过接受教育和技术培训等高层次精神文化消费来实现。人的价值观的构建、思想品质的塑造、科学文化水平的提高、艺术修养的培育等,都有赖于高品位的精神文化消费。读一本好书、看一场好的电影、听一首优美的音乐、欣赏一幅美的图画,都会使人与之产生感情共鸣,使人的思想受到良好的熏陶,人的素质就会发生潜移默化的良好变化。由于社会各阶层在文化消费方面的质和量的不同,可能导致不同阶层的文化消费体验和消费行为模式的不同。文化消费的滞后效应也会影响人们日后的生活机遇和生活质量,如教育消费投入的结果经过漫长的时间最终会得以显现。

4.2　文化消费的类型

文化消费作为人们在经济条件宽松、收入充裕、具备闲暇时间的条件下为了获取知识、陶冶身心、娱乐自我而对物质形态的文化产品和劳务形态的文化服务进行的一种消费行为,日益彰显出其复杂性和多样性,对当今社会生活、经济发展、人类进步等发挥着越来越重要的作用与影响。文化消费大致可分为政府主导型的基础文化消费、市场主导型的创意文化消费、民间主导型的精神文化消费和社会主导型的综合文化消费 4 种类型,四者之间相互联系、相互补充,形成一个综合性的文化消费体系。

4.2.1　政府主导型的基础文化消费

政府主导型文化消费以服务和推广作为宗旨,关注的是文化消费对于民生的重要影响作用。政府主导型文化消费不以盈利和创收为目的,而是以塑造现代社会大众文化趣味和文化个性而形成独特的文化消费系统。政府是重要的推动力量,在很大程度上决定着这类文化消费的兴衰和繁荣。《文化产业振兴规划》的发表和党的十七届六中全会的召开以来,我国政府提出了文化发展的方向,在资金投入、人才培养、文化消费引导等方面发挥重要影响,推动政府主导型文化消费规模的扩大,进而推动整个社会文化消费的繁荣。政府的主导作用,引导文化消费朝着健康、文明的方向发展,形成文化消费的主要潮流。政府积极推动文化消费成为社会消费的主要构成部分,在提升国民素质的同时,推动经济的发展;扶植文化事业单位,培育优秀文化产品,带动文化消费的发展和繁荣;引导整个文化消费市场的发展方向,规范文化消费的行为和体系;重点放在推动实体文化消费上,同时兼顾其他文化消费形式,奠定文化消费的群众基础。

政府主导型文化消费的目的和宗旨定位在服务、推广和关注民生方面,对文化消费的经济效益考虑较少,着眼于文化消费的基本形式和内容,建造最基本的文化消费体系所需的基础设施,普及作为民生重要体现的基础性文化消费,甚至无偿地提供文化产品来带动传统的文化消费。因此,政府主导型文化消费始终着眼于基础性文化消费市场建设、基本的惠及全体民众的文化消费体系的构建。

政府主导型文化消费突出体现其实体性、外在性和公共性,如公共文化活动、公共文化资源、公共文化组织等外在可视的公共文化;超出个人或家庭单位范围(村庄、社区或多个村庄)的文化活动(诸如庙会)、文化资源(诸如村庄文化活动中心);政府主导建设歌剧院、博物馆、图书馆、文化市场基础设施、公共服务设施体系、旅游景观等。

政府主导型文化消费的直接载体是文化设施和文化产品。这些实体性的文化设施和文化产品集中承载着政府的旨意。政府通过不同的文化设施和文化产品的建设和生产,带动文化消费市场发展,进而主导文化消费的发展方向。文化产品是实现政府意图的方式和手段,它通过企业生产的方式来普及到社会,作为商品在文化消费市场流通。政府通过文化设施和文化产品为民众提供基本文化消费服务。

4.2.2　市场主导型的创意文化消费

市场主导型的创意文化消费遵循市场原则与市场规律,走市场化的道路,以市场作为调节杠杆,以文化商品作为具体载体。市场主导型的创意文化消费紧紧抓住文化消费者的消费心理,将创意性推向前台,起到吸引消费者的作用,以此达到市场效益最大化目的。市场主导型的创意文化消费市场运作的具体操控、市场增长的空间、文化产品的新颖性等都成为主要考量对象,必须有利于刺激文化消费市场,并且能够引领时代风潮。市场主导型的创意文化消费的支撑力量是企业,它们将提供独特的文化商品与文化服务作为主要目标,着眼于文化消费市场的新趋势、新潮流,寻求新的利润增长点。

市场主导型的创意文化消费的文化商品不只是诉诸实体文化商品形式,而是开始考量非实体文化商品形式,关注它的生产、运营和消费状况。如果说政府主导型的基础文化消费导致可触可感的文化消费产品和服务设施,那么市场主导型的创意文化消费的文化产品更加自由和开放,兼具包容性,企业可以以实体文化产品的存在方式,也可以以精神文化产品的存在方式,向消费者提供文化消费产品和服务,具有文化商品形式不固定、消费需求弹性很高的特点,不拘泥于具体的文化消费产品和服务方式,重点关注市场需求与经济效益的大小。

为了达到文化消费效益最大化,市场主导型的文化消费呈现出一种着眼于创新、体现着创意、实现着创造的新型文化消费模式。它最大限度发挥人类的创造能力,不仅在生产文化产品时强调创意性,而且在消费文化产品时也需要消费者拥有文化创意灵感,领悟具体文化产品所传达的创造精神,激发文化消费者的创造能力。从这个意义上讲,消费并非是单纯的消费或消耗,而是全新的再创造。而这种创意性是对人类智力的挑战,也是对人类创造性的展现。通过市场主导型的创意文化消费,实现创意,达到新颖、新奇、新潮的效果,从而引领创意文化消费走向创造性文化产品消费的更高级阶段。

市场主导型的创意文化消费具有市场化、商品化、创意性的特点。提供创意性文化产品的企业、机构和团体是推动市场发展、文化产业复兴的主导力量,影响着创意性文化消费,把握着市场的脉搏挑动,形成以消费市场为先导指引、文化产品为沟通桥梁、企业、机构与团体为推动力的综合文化消费市场网络,三者之间相互联系、相互影响,使得创意文化消费产业走向繁荣。

目前,各种音乐会、演唱会等创意性文化消费引领文化消费热潮。特别是一些国际化大都市,创意性文化消费群体十分庞大。教育培训消费也继续受到追捧,按照培训对象划分,主要有针对小学生、中学生的课外补习培训,针对大学生的考研培训,针对成人的各种技能培训;按照培训内容划分,涵盖了英语、艺术、计算机技术等各个方面。尤其是出国热潮的兴起,英语培训方兴未艾,诸如华尔街英语、疯狂英语、新东方培训等各自占据较大的市场份额,针对出国定制的雅思托福培训报名人数逐年递增。这些依托企业性教育机构达成创意性文化消费目的的教育培训,以实体性文化产品(如书籍、资料等)和精神性文化产品(课堂、教授等)为消费对象,实现对人的知识拓展和素质提升。

4.2.3 民间主导型的精神文化消费

民间主导型的精神文化消费行为是个体性行为最强的一种文化消费形式,它在强调个人和民间的基础之上,倾向于用某种社会风气、时代风尚来进行自我消费需求的满足。民间主导型的精神文化消费的相互性、信息传递的私密性、追求自我灵性的满足,都是体现个人的精神追求,构成民间主导的基础。这种民间精神文化消费行为体现了个人性和民间性的完美融合。与政府主导型的基础文化消费和市场主导型的创意文化消费相比,它更加自由而显得松散,它更能够形成社会消费风气,它得益于诸多外在刺激因素的生发,呈现出明显的层次性和季候性特点(如节假日、消费热点等都是重要的刺激性因素),它一般都是个体性行为,需要时间和金钱的保证(在一些大都市中,时间保证尤为重要)。这表明民间主导型的精神文化消费是难以控制的,它取决于个人的自发性行为,呈现出很强烈的流动性及松散性。它不可能像政府主导型的基础文化消费那样有规模地进行,也不可能像市场主导型的创意文化消费那样遵循市场规律运行,因此,对于民间主导型的精神文化消费,稍纵即逝的商机成了最主要的市场表现形式。

民间主导型精神文化消费这种自发的文化消费行为不将目标定位在经济创收之上,也不定位在知识的获得之上,所以它呈现出一种极端强调休闲性和娱乐性的特点。在这种消费中,娱乐身心、放松自我成了消费的最主要、最直接目的。正是因为休闲性和娱乐性的存在,民间主导型的精神文化消费的内容显得更加丰富,宗教朝拜有之,自我放松亦有之,旅游观光则更为常见。民间主导型的精神文化消费的本质是精神上的获得,它不同于文化产品的占有,更不同于精神生活的占有,它强调精神体验的丰富和多样、娱乐和轻松、慰藉和安抚。它直接将自身定位在精神情感因素方面,体验自我,愉悦自我,慰藉自我。尤其是像宗教朝拜中的文化消费行为,更是将心灵的慰藉和安抚作为消费的主要目的。这种民间主导型精神文化消费往往是形成社会风气的重要途径。咖啡厅里喝一杯咖啡被认为是有修养的人放松的形式而被人们模仿;某个寺庙和尼姑庵的神灵十分灵验而被人潮拥挤。著名景点总是以各种样式为自己做广告而吸引这些消费行为的发生等,都是这种跟风性的表现。也正是其跟风性的存在,所以这种文化消费行为往往体现出一种塑造社会文化消费风气的能力。

以宗教文化消费为例。宗教文化消费主要表现为以下 3 种形式:一是宗教信仰消费。此类消费即怀有某种宗教信仰的教徒在实践信仰行为中所发生的消费行为。总的来说,宗教信仰消费主要集中在宗教用品购买、奉献捐赠、宗教活动开销 3 个方面。这是一种自发的消费行为,其实是购买一种信仰产品,行为上敬神酬神,得到自我精神的满足。二是宗教旅游消费。此类消费是游客在宗教场所游览过程中产生的消费行为。宗教旅游已经日益成为各地旅游项目中举足轻重的一环。纵观宗教旅游的消费模式,不外乎赚取消费者的香火钱,请愿还愿钱。以信仰的名义刺激消费者购买实体的或者虚拟的"信仰产品",以满足消费者"祈福、长寿、发财、病愈、升学"等功利化需求。三是泛化的或带有某种宗教特征的灵性消费。各种禅修馆、精舍、印度瑜伽馆也层出不穷,方兴未艾。还有一些杂糅了易经、心理学和所谓的中医的"养生文化"更是大行其道。以"养生"为名的各大会所充斥街头,有"排毒养生"、"中医养生"、"水疗养生"、SPA 等各种项目。这种灵性消费以出售灵性为核心,杂糅以心理学等科学元素,本质上满足了中产阶级追求精神释放、缓解压力,获得安全感和认同感,开发自身潜能的实际需要。

4.2.4 社会主导型的综合文化消费

社会主导型的综合文化消费已经逐渐形成规模,并且有望成为带动整个文化消费市场发展的重要力量。社会主导型的综合文化消费中单一性的文化消费被最大限度地进行了整合,形成了一体化的综合性文化消费体系,它代表了未来文化消费发展的方向。社会主导型综合文化消费的综合性体现在文化产品、消费行为、消费主体等方面,通过服务提供、商品生产、消费模式引导各种社会力量投入到文化消费当中来,从而形成一个全方位、多层次的文化消费体系。从文化产品而言,它综合了实体性的文化产品、精神性的文化要素、创意性的文化内涵,构成极其丰富的文化消费对象;从消费主体而言,它综合了社会各个阶层、不同文化背景、不同消费目的消费者参与综合文化消费,从而实现文化消费效益的最大化。

社会主导型综合文化消费的产业化发展趋势,不同于政府主导型的基础性、福利性文化服务设施与产品提供,也不同于市场主导型的企业、机构和团体的创意文化消费力量,更不同于民间主导型的精神文化消费方式,它已形成持久的、庞大的综合化文化产业,形成一条龙的文化消费服务方式,提供多样化的文化消费产品与服务,把社会各方面的力量凝聚起来,汇聚成社会文化消费的大潮。社会主导型综合文化消费追求文化消费的可持续发展,强调消费主体的消费行为的经常性与持久性,文化产品的综合性与持久性,通过其巨大的服务网络,覆盖文化消费的各个方面,提供长期性的文化消费服务。

社会主导型的综合文化消费依然具有商业性,强调对市场的了解和掌握,但是却并不像市场主导型的文化消费将市场看作主要调节杠杆,而是在坚持商业性的同时兼顾市场,在坚持自我运营理念的基础上开展商业性运作,促进文化消费市场的形成,以其自身的独特产业化效应,吸引文化消费者的参与,从而营造浓厚的文化消费氛围。社会主导型的综合文化消费载体具有多样性优势。它不仅依托于政府或者市场,也不只是强调个人或民间,而是将这些载体纳入其中,构成一个社会的复合型载体形式来推动文化消费的实施。因此,社会主导型的综合文化消费形式最大化地挖掘了整个社会的资源来构筑文化消费体系,激发了社会中各种形式的文化消费者的潜力,引领着文化消费的时代潮流。

社会主导型的综合文化消费因其注重整个社会的参与,能够将社会的文化消费能力最大化,以创造更大的文化消费的效应。正因为此,注重对综合性文化消费的培养,能够形成新的文化消费的增长点,并且规范整个社会的文化消费资源,形成规模性的文化消费效应。如何形成中国化的综合性文化消费,并且纳入文化产业链的发展,更是值得进一步思考的实践性课题。在构造综合性文化消费的过程中,注重对传统文化的挖掘和保护也成了进一步发展此类文化消费应该思考的关键问题。社会主导型的综合文化消费依托政府投资建设,加入市场化运作,吸引着个体消费者参与消费,形成一个综合性文化消费的体系,它代表了文化消费的最高形式,也必将成为今后文化消费发展的方向。

4.3 我国文化消费现状及问题

分析我国文化消费的现状及问题,以便采取各种有针对性的、切实可行的措施,解决我国文化消费中存在的问题,以促进我国文化消费更加健康、快速地发展。

4.3.1　我国文化消费现状

改革开放以来,随着我国城乡居民收入水平的不断提高和物质生活质量的逐步改善,城乡居民越来越重视文化生活,城乡居民人均文化消费逐年增长,文化消费支出占消费总支出的比重整体上呈现逐步提高的趋势。特别是近十年来,我国城乡居民文化消费增长变化较大。据统计数据,2011 年城乡居民人均文化消费分别达到 1 102 元和 165 元,比 2002 年分别增长 170.7% 和 253.8%,年均分别增长 11.7% 和 15.1%,年均增速分别快于人均消费支出 0.9 和 2.7 个百分点。2011 年城乡居民文化消费占消费支出的比重分别为 7.3% 和 3.2%,比 2002 年分别提高 0.6 和 0.7 个百分点。具体情况见表 4.1。

表 4.1　2002—2011 年城乡居民文化消费及相关数据表 (元/人)

年份	城镇居民			农村居民		
	可支配收入	消费支出	文化消费	纯收入	消费支出	文化消费
2002	7 703	6 030	407	2 476	1 834	47
2003	8 472	6 511	420	2 622	1 943	53
2004	9 422	7 182	474	2 936	2 185	59
2005	10 493	7 943	526	3 255	2 555	68
2006	11 759	8 697	591	3 587	2 829	74
2007	13 786	9 997	691	4 140	3 224	84
2008	15 781	11 243	736	4 761	3 661	93
2009	17 175	12 265	827	5 153	3 993	108
2010	19 109	13 471	966	5 919	4 382	126
2011	21 810	15 161	1 102	6 977	5 221	165

资料来源:根据各年《中国统计年鉴》数据和城乡住户调查资料整理而成(转引自文化部网站资料)。

4.3.2　我国文化消费存在的问题

改革开放以来,随着人们的收入水平的不断提高,文化消费能力不断增强,我国文化事业和文化产业日益繁荣。然而,也应清醒地看到,目前我国还存在着文化消费总量较低,文化消费层次较低,文化消费结构不够合理,文化消费心理不成熟,文化消费观念不正确,城乡差距较大,地区发展不平衡,中低收入人群文化消费能力有限,文化消费的经济政策,法制体系与管理体制不够健全,社会环境有待完善等问题。

1）文化消费总量较低，市场潜力巨大

根据有关资料研究表明，在文化产业比较发达、文化消费结构比较合理的国家中，文化产业的产值在国内生产总值中的占比能够达到10%以上。2010年我国国内生产总值在40万亿元左右，如果按照上述标准来推算，当年文化产业的产值应该在4万亿元以上，而实际上2010年我国文化产业的产值仅为1万亿元左右。由此可见，我国文化产业和文化消费水平与发达国家相比还存在很大的差距，市场潜力和发展空间很大。因此，我们必须充分认识大力发展文化产业的重要性与紧迫性，深刻理解发展文化产业是社会主义市场经济条件下满足人民群众多样性精神文化需求的重要途径。我们必须大力发展文化产业，运用各种经济手段推动文化产业跨越式发展，使之成为国民经济中的新的增长点、经济结构战略性调整的重要支点、转变经济发展方式的重要着力点，从而提供更多优秀文化产品，满足人们的文化消费需求，不断提高文化消费总量和质量。

2）文化消费层次较低，结构不够合理

人们的需要层次表现为一个从低层次到高层次的渐进过程。当人们的基本需要得到满足后，必然追求身心健康、精神充实、自我完善等高层次的精神需要。在生产力水平迅速提高、经济高度发达、物质产品丰富的条件下，人们更多地需要满足精神消费、享受消费和发展消费等高层消费需要。然而，从全国文化产业布局来看，全国消费格局不平衡。从消费支出结构看，城市居民的学杂费、保育费支出占绝大比重，比例为82.88%，农村的比例为77.48%，文化消费支出较低。从文化消费支出结构看，城市消费书报杂志的比例为16.03%，文娱消费中耐用机电消费品的比例为61.73%，而农村消费书报杂志的比例仅为3.72%，其余的都用来消费耐用机电消费品。从文化消费热点看，非教育性知识文化消费较少，热衷于休闲消遣性、娱乐性、低俗、炫耀摆阔，甚至还存在封建迷信、黄色、暴力、盗版等非健康性消费，文化消费观念存在偏差。

3）文化消费心理不成熟，文化消费观念不正确

文化消费活动是一个心理运动过程。文化消费作为一种文化体验、情感享受和对自身发展、社会关系、社会地位的追求。受文化观念、消费观念、价值取向

的支配,文化认同将激起文化消费欲望,文化偏爱将执着并扩大其文化消费,文化抵抗将拒绝其文化消费。而我国有些人对文化消费与文化产业发展的意义认识不够,文化消费心理不成熟,文化价值观和文化消费观不正确,忽视了文化消费的全面性和科学性。由于我国资金实力、科技水平、创新能力、国际竞争力较低,出口文化硬件商品占大部分,文化软件出口相当薄弱。在对外文化交流中,一方面,存在外来文化与民族文化的冲突,部分消费者对外来文化不认同,抗拒消费;另一方面,存在外来文化产品对我国部分消费者的文化认同、思想观念的影响,使其热衷于外来文化产品消费,忽视或减少本国文化产品消费,削弱了本国文化产业发展基础。所有这些都是文化消费心理不成熟、文化消费观念不正确的具体体现。

4)文化消费城乡差距较大、地区发展不平衡,中低收入人群消费能力低

文化的经济特性决定了文化消费活动是一个经济运动过程。文化消费活动受市场经济价值规律作用支配,文化消费总量和结构受消费大众的收入水平及其收入分配状况的制约。我国总体上经济发展水平不高,文化消费经济能力不强,文化消费市场还处于发育初期,市场经济调节机制尚不成熟,人均 GDP 水平与发达国家相比还有很大差距,最终消费占 GDP 的比重和居民消费率仅为51.1% 和38.2%,恩格尔系数还比较高,地区经济发展不平衡,人们的收入水平差距还比较大,社会保障制度不健全,个人教育支出过大,价格结构不合理,加上消费结构、消费支出惯性以及边际效用递减约束着消费量的扩大和消费结构的变化,文化消费市场发育不均衡,导致文化消费城乡差距较大,地区发展不平衡,尤其是中低收入人群消费能力低。

5)文化消费的经济政策、法制体系与管理体制不够完善

文化的社会政治特性决定了文化消费活动是一个社会政治运动过程。文化产业存在商品性与艺术性、意识性的矛盾,经济效益与社会效益、政治利益的矛盾,文化管理存在市场机制作用与政府规制、管理和调节的矛盾,文化消费存在社会价值取向、民族风俗习惯、消费空间和时间与个人需求的矛盾。因此,需要有健全的经济调控政策,完善的法制体系与管理体制,良好的社会环境。而我国目前文化产业与文化消费的经济调控政策不够健全,相关的法制体系与管理体

制不够完善,文化市场秩序不够规范,文化基础设施、文化消费权益、消费信息安全等消费环境没有从根本上得到改善,在一定程度上影响和制约了文化产业与文化消费的发展。

4.4　发展我国文化消费的措施

针对我国文化消费的现状及问题,必须采取多种切实可行的措施加以解决,以实现我国居民文化消费又好又快地发展。

4.4.1　引导树立科学合理的文化消费观念

引导树立正确的文化消费观念极其重要。因为文化消费具有两面性:科学健康的文化产品、文化服务和文化消费能够对人们产生积极影响。比如,励志书籍和节目能够帮助人们治愈心灵的创伤、重拾生活的信心;而庸俗低级的文化产品、文化服务和文化消费却能对人们产生消极影响,如宣扬暴力、色情的网络游戏容易让未成年人的世界观、人生观、价值观发生扭曲,造成严重的不良后果。

文化消费观念是在一定的指导思想和文化基础上形成的。我们必须以先进的思想为指导,积极吸纳先进文化,树立积极、健康、科学、向上的文化消费理念,积极接受适应历史潮流,反映时代要求,代表未来发展方向,推动社会前进的先进文化思想,引导人民群众积极参加文化实践与建设,积极体验先进文化,在文化消费中不仅占有文化产品,享受文化服务,而且把它当作心理享受、社会地位、社会关系实现的途径,使先进文化的意义和价值得到更好的实现。

我们要把促进人的全面发展作为文化价值核心观念进行培养。要引导树立科学合理的文化消费观念,把握好价值取向,通过加强家庭培养、学校教育、传播媒介宣传,重点引导青少年和农民,树立科学合理的消费观念,逐步形成观念先进、消费自律、结构合理、方向正确的消费风尚和社会氛围,引导娱乐休闲消费为主向知识文化消费为主转变。通过对外文化研讨、文化年、文化演出、文化教育、媒介传播、展览展会等活动,在世界范围内推介中华民族优秀文化,培养中华文化理念,为扩大文化出口贸易奠定基础。

4.4.2　丰富文化产品供给,提高文化产品质量

经济理论与实践告诉我们,只有增加供给才能降低价格,只有降低价格才能为大多数消费者所接受。文化产品也是如此,只有不断加大文化产品特别是优

秀文化产品的供给,才能有效降低居民文化消费的成本,让老百姓消费得起,进而消费得多。要丰富文化产品种类,提供多元化、个性化、大众化的文化用品和服务,满足不同收入层次、不同文化层次和不同地区居民的文化消费需求。

要注重提高文化产品质量,不断推出质量过硬、特色鲜明、民众喜闻乐见的文化产品,加大文化市场监管力度,遏制低俗文化产品的生产和传播,净化文化消费环境。要积极发展文化消费信贷,鼓励金融机构开发分期付款、低息贷款等多种形式的文化消费和生产的信贷产品,丰富大众文化产品供给,激发中低收入群体潜在文化消费需求。

我们在发展文化产业和文化服务、促进文化消费的过程中一定要把社会效益放在首位,坚持社会主义先进文化的前进方向,大力加强监督管理,促使文化工作者坚持正确文化立场,为人们提供科学健康的文化产品和文化服务;引导消费者增强是非观念和辨别能力,倡导和进行科学健康的文化消费,抵制庸俗低级的文化消费;大力加强监督管理,促进文化产业、文化服务和文化消费的健康发展。

4.4.3　完善文化产业与文化消费的经济政策和经济杠杆

完善文化产业与文化消费的经济政策,支持文化产业与文化消费健康发展。在文化产业化、市场化发展的背景下,文化产品和服务的供给发生相应变化,必须重新定位文化消费主体,形成以居民消费为主、出口为辅、单位或社区消费为补充、政府消费为引导的文化消费主体新格局。由于文化产品和服务的特殊性、层次性,甚至还可能在市场上出现非文化、反文化的东西,因此,应对文化消费政策做合理调整,对于不同类型的文化消费采取区别对待、有所鼓励、有所限制的政策。鼓励高层次、高质量、先进的知识文化、精神文化消费和文化产品出口、文化企业"走出去",限制低俗、劣质、落后的文化产品和服务消费,对于外国先进有益文化产品可以积极引进,但要合理确定进口规模与市场份额,防止对国内文化市场带来冲击,形成本国文化消费为主、引进外来有益文化消费为补充的文化消费格局。

运用财政、税收、价格、利率、汇率等经济杠杆,对文化产业与文化消费进行调节。对于高层次、高质量、先进的知识文化、精神文化消费和文化产品出口、文化企业"走出去",采取鼓励消费和出口的政策,可以降低税率、利率和提高外汇汇率,相反;对于低俗、劣质、落后的文化产品和服务消费,进行相反的调节。规范价格形成机制,使价值得到真实反映。逐步提高居民收入水平,提高消费者的消费能力,在保证基本文化消费的基础上,逐步增加享受文化消费,特别是扩大发展文化消费。政府财政应对传统文化、先进文化、高层次、高质量的知识文化、精神文化的生产、消费和对外文化宣传提供必要的资助,向基层、低收入人群、特殊群体提供文化消费补贴或免费文化服务,完善农村图书、通信、电视、培训等网络,使农村居民潜在的文化消费需求得到释放和满足。

4.4.4 提高城乡居民收入,培育壮大文化消费主体

不断提高城乡居民收入,培育和壮大文化消费主体,是实现居民文化消费又好又快发展的基础。要建立城乡居民收入的正常增长机制,保证居民实际收入水平的持续稳定增加,以收入增加带动消费结构优化,提高文化消费比重;要采取多种措施,降低中低收入居民的文化消费成本,提高他们文化消费的积极性,实现大众文化消费和高端文化消费的协调发展;要进一步健全社会保障体系,为居民进行文化消费提供基础和解除后顾之忧;要降低居民的基本物质生活成本,使居民能在基本物质生活条件得到较好满足的前提下,有更多的支付能力用于提高精神文化生活水平。

人们的文化消费能力与其文化素质和消费观念密切相关,不同人群的文化消费水平各异。因此,只有不断提升人们的文化素质和消费观念,积极培育和壮大文化消费主体,才能有效带动我国居民文化消费水平的提高和文化产业的持续发展。我们要继续大力发展教育事业,普遍提高我国居民的整体文化层次和综合素质,为文化消费提供必要的条件。与此同时,要通过媒体宣传、教育引导等手段积极培养居民树立文化消费观念,提高居民的消费品位和消费水平,培养他们的文化消费习惯,逐步形成稳定的文化消费市场。此外,还要通过大力发展家政服务,把人们从繁重的家务劳动中解放出来,使人们有更多的精力、有足够的空闲时间进行文化消费活动。

4.4.5 加大对农村、欠发达地区文化消费扶持力度,缩小地区差异

加大对农村、欠发达地区文化消费的政策倾斜力度,制定符合当地实际情况的文化消费发展战略,实行必要的文化消费扶持政策,对农村、欠发达地区文化事业的健康发展,促进城乡文化消费均等化,具有重要的意义。要缩小城乡居民文化消费的地区差异,实现城乡居民文化消费的协调发展,需要国家中央和地方各级政府的共同努力和积极配合。国家在制定相关政策时必须正视区域差异,科学配置文化资源,统筹各地区文化发展,特别是要加大对农村、欠发达地区的文化政策扶持力度,从财政和税收等各方面给予帮助。地方各级政府要因地制

宜地制定地区文化发展政策,引领本地区文化消费的方向和热点,形成具有当地特色的文化消费发展模式。

在具体的政策与措施方面:一是要加大对农村文化基础设施建设的投入力度,为农村开展内容丰富、形式多样的文体活动创造条件;二是要适当减免农村文化用品和服务的税费,并给予适当的补贴,提高农村居民文化消费的积极性;三是要大力开发适合农村消费者的文化用品和服务项目,增加有效供给,释放消费潜力,满足消费需求。只有这样,才能够加快农村、欠发达地区文化事业与文化消费发展,缩小地区差异,逐步实现城乡文化消费均等化的目标。

4.4.6 加强法制建设与行政管理,营造良好的文化消费环境

文化消费离不开法律法规的支持、保护与规范,因此,要健全相应的法律法规体系。严格执行劳动法,以保障和增加劳动者自由支配的时间,以便劳动者有足够的时间进行文化消费。按照消费者权益保护法制定文化产品和服务的消费法规,使消费者文化消费权益得到法律保护。制定相关的消费法律、道德规范和行为标准,加强对不科学、不合理和反文化的低俗、迷信、色情等腐朽文化消费行为的约束与限制,防止非理性的腐朽文化消费活动的泛滥。参照 WTO 规则及相关国际惯例,健全文化产品进出口与外资进入文化产业的法律法规,对文化产品和服务进口贸易、文化产业利用外资实行总量控制和结构调节,维护国家文化安全,为文化出口提供便利,促进文化出口贸易发展。随着文化产业市场准入的进一步开放,对文化产业市场行为应加强规范化和法制化管理。要制定文化市场反垄断、反不正当竞争的法律法规、具体措施和文化产业规范,防止文化企业肆意践踏消费者权益,强迫消费者选择文化消费,防止价格垄断、价格过高和消费者信息外流滥用,营造一个良好的文化消费环境。

健康有序的文化消费市场离不开科学合理的行政管理与监督。文化消费的特殊性决定了文化消费管理具有很强的政治性和政策性,既不能使文化消费背离社会主义精神文明建设的根本要求,也不能限制消费者的合理消费和自由选择,文化消费监督管理必须以发展科学合理的文化消费作为出发点和归宿点。要从体制、制度、职能、程序、方法、手段上进行合理监管,改变管理者众多、多头管理、管理不善的状况。要实行集中监控与分级管理相结合,整合政府管理职能和行为,加强宏观指导和管理。实行行政监督、司法监督、社会监督、舆论监督相结合,加强对文化产品和服务的政治思想、社会公德、流通秩序、价格体系、竞争环境的监督管理。实行行政手段、法律手段、经济手段相结合,防止文化产品和

服务粗制滥造、质量低劣、格调低下、结构失衡,加强对文化产品和服务的投诉处理,维护消费者的正当权益。认真开展文化市场调查和预测,掌握文化市场、文化消费规模和结构变化的信息,有效地组织和调控文化产品供给,引导文化消费和文化产业健康发展。

4.5 文化商品的价值与文化消费扩大

发展文化消费,满足人民群众日益增长的文化消费需求,必须创造出更多更好的文化商品,不断提高文化商品的供给能力。因此,正确认识文化商品的价值及其实现方式,科学合理地扩大文化消费,努力提高文化商品的供给能力,通过积极有益的文化商品供给与消费,文化产业与文化消费的健康发展,将科学、文明、健康的文化内涵渗透于物质文明、精神文明、生态文明建设之中,有利于提高国民素质,提高社会文明水平,促进社会全面进步。

4.5.1 文化商品的价值

文化消费在我国经济社会发展过程中发挥着越来越重要的作用,它诉诸于文化资本的运行与文化商品的消费,以其独特的作用方式满足人们的精神需求与心灵慰藉,深刻地影响着一个国家的国民素质,丰富着人们的精神生活,彰显着现代社会的人文关怀。作为文化消费客体的文化商品与作为主体的文化商品消费者之间相互作用,客体对主体产生一定的作用、效应和影响,在客体为主体服务的同时也实现了自己的价值。作为文化消费客体的文化商品由于能够满足主体(文化消费者)的不断增长的多样化精神需求而具有价值。

事实上,文化商品通常以两种形式存在:一种是有形的、实在的、物质的;一种是无形的、观念的、精神的。而文化商品的价值是多要素的统一:它是主观与客观的统一,意识与存在的统一,抽象与具体的统一,社会价值和经济价值的统一,也是精神价值与物质价值的统一。文化商品的价值体现在文化商品作为客体与作为消费者的主体之间相互作用的过程之中。文化商品作为客体对消费者主体会产生一定的作用、效应和影响,使客体为主体服务,满足主体的精神需要,只有这样,才能说客体(文化商品)对主体(文化商品消费者)具有价值。客体(文化商品)通过各种不同的途径在与主体(文化商品消费者)结合过程中不断地被主体发现、感知、体会、理解、认识、评价,从而对主体产生积极效应,为主体服务,满足主体的精神需要,促进主体发展完善,使主体感觉更加幸福美好,这就使文化商品价值得到实现。

因此,从社会意义上来讲,文化商品的价值不仅体现在它所具有的内在价值及现实价值,而且体现在他所具有的社会价值及潜在价值。如文化商品的审美价值、思想价值、学术价值、道德价值等,当这些价值向社会实践效益转化,就是文化商品的社会价值的实现。它的积极效应具体表现为促进了社会科学文化水平的提高,推动了国民素质、思想道德、精神风貌、社会文明的发展进步。

4.5.2　文化消费的扩大

文化消费的扩大,增加文化消费总量,提高文化消费水平,是文化产业发展的内生动力,也是推动文化产业发展、繁荣文化事业的关键环节。扩大文化消费要以人民群众的根本利益为出发点和归宿点,注重文化消费的质量和数量,以人民群众的满意度作为衡量文化消费发展的尺度,坚持文化发展为了人民,文化发展依靠人民,最终提升国民素质,实现人的全面发展,培育有理想、有道德、有文化、有纪律的社会主义公民。

扩大文化消费,要强调文化产品和消费需求的多样化,不断提高全民族的思想道德素质和科学文化素质,使人们在物质生活需求得到不断满足的同时,在道德、心理、创造力等方面也得到充分发展。目前,我国城乡居民之间存在着较大的收入差异。因此,扩大文化消费,必须从尊重人、关心人的角度,切实满足人们的文化需求,特别是低收入群体的文化需求,让最广大的人民群众有条件、有能力进行丰富多彩的文化消费,最大限度地满足人们的精神文化需求,促进人的全面发展。

人们的消费方式、消费观念、消费水平是由一定的社会生产力发展水平所决定的。扩大文化消费,必须以社会生产力发展水平为标准,服从于社会主义现代化建设的要求。随着我国生产力水平的提高,鼓励人们扩大文化消费,有利于经济发展和促进社会进步。但是,在社会主义初级阶段,不顾国情、不顾生产力发展水平的高消费、贪图享受、挥霍浪费将会导致资本短缺、资源匮乏,奢侈之风盛行也会销蚀人们的创造精神和进取精神,最终影响到人的全面发展。因此,扩大文化消费一定要实事求是、量力而行,综合平衡、协调发展。具体来说,文化消费要和经济社会发展相适应,既不能"滞后",也不应"超前"。对于消费者个人而言,要求根据自身收入状况和需要安排文化消费,不能盲目攀比。文化产品和服务提供单位要坚持把社会效益放在首位,找准两个效益的最佳结合点,努力实现社会效益和经济效益的统一,主动面向广大基层群众,努力降低成本,提供价格合理、丰富多样的文化产品和服务。

4.5.3 文化商品的供给

马克思主义经济理论告诉我们,生产与消费之间存在辩证统一的关系,生产决定消费,消费影响生产,没有需要,就没有生产。根据消费者的消费需求安排生产和销售是现代生产经营者在市场上取胜的关键。目前我国文化产业规模较小,文化精品不多,消费热点较少,不能充分满足人民群众日益增长的精神文化需求。因此,必须增强文化商品和服务的供给。

1)创新商业模式,拓展大众文化消费市场

通过创新商业模式,逐渐形成与市场接轨的商业模式,不断拓展大众消费市场。同时,还要关注群众潜在的文化消费需求,推出更多深受群众喜爱的精品力作,满足群众多层次、多方面、多样化的精神文化需求,进一步释放城乡居民文化消费潜力。同时,要开发特色文化消费,提供多样化消费方式。既要注重拓展大众文化消费市场,也要注重开发特色文化消费。根据各个群体的不同需要,生产出文化精品,提供特色产品和服务,提高文化商品和服务的竞争力,不断形成多样化的消费方式和消费增长点。

2)采用先进科学技术,提高文化商品创新能力

一个好的文化资源、一个优秀的文化创意要变成文化商品,必须借助相应的科学技术手段,文化商品的科技含量对文化产业的效益与兴衰起着决定性作用。文化商品和服务创新是影响文化产业利润的关键因素。要不断为文化商品和服务注入新的内容、创造新的形式。同时,要把文化消费和生态环境的保护结合起来。在文化消费过程中,要注重环境的保护、生态的平衡,实现人与自然的和谐共生。要发展文化、教育、科技、信息等知识密集型、劳动密集型、技术密集型产业,有利于资源节约和环境保护,加快转变经济发展方式。

3)正确处理文化消费与自然、文化资源保护与开发的关系

在发展文化产业、扩大文化消费的过程中,要尊重自然的存在价值,将文化消费纳入生态系统之内,形成节约资源和保护生态环境的文化消费模式,保证自然界生态系统稳定与平衡。文化消费的可持续发展,不仅满足当代人的基本文

化需求,同时又能给后代人留下更多的文化财富,以满足后代人的文化发展需要。同时,要处理好文化资源保护与开发的关系。民族文化资源的保护与开发之间是对立统一的,两者既相互排斥,又相互促进;开发不仅是为了利用,也是为了科学的保护;保护是为了持续的开发和更加有效的利用。

总之,文化产业与文化消费的健康发展,不仅有利于当代国民素质的提高,而且对子孙后代的发展也有利。积极有益的文化商品供给与消费,能够将科学、健康的文化内涵渗透于物质文明、精神文明、生态文明建设之中,提高社会文明水平,促进社会全面进步。

4.6 我国文化消费市场的发展

发展文化消费,满足人民群众日益增长的文化消费需求,必须创造并提供丰富多彩的文化商品,大力发展文化消费市场。因此,考察文化消费市场发展格局,发展趋势以及未来文化消费的热点领域,对于更好地开发文化商品,发展文化消费产业,满足文化消费需求,提高文化消费水平具有重要的意义。

4.6.1 我国文化消费市场的总体发展格局

1)文化消费市场的全球化趋势将日益增强

随着我国对外开放的进一步深化,文化消费市场的全球化趋势将日益增强,国内文化消费品供求结构性矛盾将得到缓解,文化消费市场在整体上得以丰富和拓展,尽快融入经济全球化进程。而不断增强的经济全球化趋势,将加速世界文化消费品的循环流动,过去由于国内产业保护、垄断经营等原因而被阻止进入国内的文化商品,将不再受到限制,可供城乡居民家庭消费的文化产品会明显增加,中高收入群体一部分文化消费购买力存量得以释放,有利于文化消费总量增长,促进国内文化消费品市场的快速发展。

2)以文化消费者为中心的文化商品市场将逐步形成

文化消费品市场竞争性增强,供求结构将进行调整,文化消费者权益将得到更好地维护。尽管市场经济发展初期存在许多假冒伪劣现象和不规范的商业行为,法律意识淡薄的文化消费者遭受侵害时往往自认倒霉,或欲投诉却因势单力薄半途而废,但随着市场经济的发展和法制的健全,假冒伪劣现象将不断减少,高质低价和优质服务将成为文化消费市场竞争的焦点。进口的一些文化产品因质量高、价格适宜将成为文化消费者热购的对象,国内文化产品欲占领文化市场,就必须货真质高价实,才能获得消费者的青睐。法律制度的健全和法律意识的增强,更多的文化消费者运用法律武器维护自己的合法权益,因此,以文化消费者为中心的文化商品市场的形成乃大势所趋。

3)以创造力为核心的文化创意产业将受到重视

文化企业与国际对接,与社会对接,与文化消费者对接,从卖方市场转向完全的买方市场,创新、创意、创造将紧密围绕文化消费者需求和主流消费倾向展开。文化创意产业(Cultural and Creative Industries)是一种在经济全球化背景下产生的以创造力为核心的新兴产业,强调一种主体文化或文化因素依靠个人(团队)通过技术、创意和产业化的方式开发、营销知识产权的行业。文化创意产业的主要特点是创意性、创造性、创新性,它挑战人的智力思维,带来全新的文化消费体验。我国文化创意产业的发展需要在政策上予以更多的扶持,吸引更多社会资本投入,加大创意人才的培养,打造一流的创意品牌,推进创意产业园区的建设与发展。

4)文化产业链将逐步形成,带动文化消费市场发展

现代文化产业链是在经济活动的服务化、信息化、文化化,现代经济越来越为高技术和高文化附加值经济所主导的大背景下提出来的。这一新型产业链条的上游,是文化遗产的数字化与海量文化内容的上载;下游是消费类信息技术产品的普及和信息文化娱乐产品的大规模市场推广,以及大众流行文化艺术符号在传统产业上的普遍应用。文化产业链的形成,将更好地带动文化消费市场的发展,并形成全新的竞争力。它对文化产品上游的拓展,对文化产品下游的影响,都将发挥不容忽视的作用。它所带来的文化附加值,无论是对文化消费还是对经济增长都具有十分重要的意义。

5)文化消费市场未来发展空间巨大,市场竞争加剧

随着经济发展、居民收入增加、人口增长、文化水平提高,文化消费总量将会有较快增长、质量上也会有较大提高。同时,区域间与群体间的文化消费差距将

继续拉大,文化消费品由东向西的"挤压传递效应"将日益显现,从而改变国内文化消费品的流向和地域分布。国外文化商品首先冲击沿海城市和东部发达地区,这些地区在率先享用更多外国文化消费品和文化服务的同时,也将最先承受商业化竞争加剧的压力。由此形成东部地区文化消费品向中西部地区的挤压传递。沿海城市和东部地区一部分文化消费品被外来品所替代,而被淘汰挤出的文化产品必然大规模地向中西部地区转移,到内地寻求新的销售市场,从而使中西部地区文化消费品市场竞争加剧。

6)农村、欠发达地区与社会弱势群体的文化消费需求将日益增长

各级政府为了缩小城乡居民文化消费的地区差异,实现城乡居民文化消费协调发展,将加大对农村、欠发达地区文化消费的政策倾斜力度,制定符合当地实际情况的文化消费发展战略,实行必要的农村文化消费扶持政策,从财政、税收等方面对农村、欠发达地区文化事业与文化消费给予扶持,促进农村、欠发达地区文化事业发展,逐步实现城乡文化消费均等化。同时,在建构文化消费体系的过程中,各级政府对农民工、残疾人、家庭妇女等弱势群体的文化消费需求也会越来越重视,通过提供低价甚至免费文化产品或者提供文化消费补贴等方式,使文化消费的公平性体现出来,让弱势群体的文化消费需求得到更好的满足。

4.6.2 我国未来文化消费的几大热点领域

随着经济社会的发展,我国的文化消费内容将不断丰富,质量将不断提高,方式将不断创新。文化旅游、培训教育、数字娱乐消费等将成为未来文化消费的热点领域。

1)文化旅游消费

根据有关研究,世界经济发达国家旅游支出与国民收入相比的弹性系数分析表明,越是高收入国家(如美国、瑞士、比利时、英国、德国、瑞典、丹麦等),其旅游需求弹性越小,一般都在 1.3~1.9,说明经济发展到一定水平后,旅游需求的必需程度很高,对旅游的需求具有刚性特征。目前我国人均国内生产总值已经超过 800 美元,很多城市超过 1 000 美元。随着经济社会的进一步发展,城乡居民收入水平提高,闲暇时间增多,对旅游消费的潜在需求将越来越快地转化为现实需求。文化旅游关键在文化,旅游只是一种形式。文化旅游的文化应理解为对旅游的内涵、效用及目的所作的一种解释与定性。现在较为欠缺的文化旅

游是所谓体验式旅游,业界人士理解为旅行社安排更多参与性的活动,如到农民家里体验田园生活,像职业探险家一样穿越西部无人区,去国外入住当地人家等。一般来说,旅游更多的是一种生活方式的体验,一种心情的自我放松。但与名目繁多的旅游观光相比,体验式旅游市场仍存在很大的空白。目前旅行社对体验式旅游的开发才刚刚开始,真正意义上有深度的体验式旅游尚未出现。

2)文化教育消费

近年来,我国居民的文化教育消费支出大幅增长,已经成为不少家庭的沉重负担,但鉴于世界科技的飞速发展,人才需求的普遍增长,人口年龄结构的逐渐变化,居民文化教育消费支出还将持续攀升,因此,文化教育消费仍然是推动文化产业发展的重要因素。从潜在的教育消费需求来看,居民对教育消费的支出愿望仍然十分强烈。根据有关调查资料,目前在幼儿园的儿童,其家庭愿意每学年出 2 万~5 万元读大学的占 2.18%,有 0.81% 的家庭可负担 5 万元以上,表明家庭的预期消费中,教育已占居重要地位。另据对全国城镇居民储蓄意向调查表明,居民储蓄动机的第一位是子女教育,占全国城镇家庭的 39.6%,而准备用于教育支出的部分占储蓄额的 10%,高于购买住房 3%。以上情况表明,在当前和今后相当长的时期内,文化教育消费仍然是我国居民的一个热点领域。但教育行业仍然是一个相对垄断的行业,教育资源相对短缺,教育消费依然是卖方市场,人们很难实现自主选择,这容易造成社会教育资源分配不公、使用效率低下,国家有关部门必须在政策层面进行适当的干预与调控。

3)数字娱乐消费

随着数字技术的普及、数字娱乐业的发展,数字娱乐消费将成为我国未来的一个消费热点领域。数字娱乐业覆盖了以数字技术向人们"制造快乐"的各个领域:提供视听享受的音乐、DVD、VCD、交互电视;重在体验的电脑电子网络游戏;陆续开发出的新式娱乐产品 MP3、数码摄像机、电子显微镜等;甚至可以说网络聊天、网络媒体都可以称为一种数字娱乐业,一切通过数字技术如计算机、互联网等为人们提供娱乐的东西都可以称为数字娱乐业。根据中国社会调查事务所(SSIC)在北京、天津、上海、哈尔滨、广州、武汉 6 地对 1 700 个居民进行的专项调查显示,被调查家庭未来两年的购买电器意向中,购买电脑(34%)仅次于购买彩电(41%),名列第二。购买电脑的目的,72% 的被调查者是希望借助这个现代化的手段,获取更新的信息,上网享受网络服务是他们主要的目的。电脑时代的到来意味着网络消费会日益升温。在互联网走向大众化的同时,互联网也成了一个在线娱乐平台,而不仅仅是一个信息交互平台。尽管目前我国数字娱乐业还没有形成一个像样的产业,如在游戏方面,无论硬件还是软件都没有像样的制作公司,在数字音乐方面也一样,传统的唱片公司都因为盗版而生存艰难,但没有人能够否认我国数字娱乐业具有巨大的市场潜力。如果网络电视、数字音乐这些开始成熟并普及起来,那么数字娱乐消费的发展空间将十分广阔。

4)文化消费产业化

文化产业化是在市场经济和全球化背景下,使文化事业和特定文化资源转化为文化产业,形成在文化市场中有核心竞争力的文化产品和服务系统。文化企业必须通过评估、整理、合理理解和升华转化,实现对特定文化资源的合理使用与商品化,并使之占领市场,满足人们的文化消费需求。而文化消费产业化发展形成集群效应,需要考虑方方面面的情况,包括文化消费的载体、文化消费的主体以及文化消费主体的趣味培养等,依托于政府的引导和市场的调节,民间个人文化消费行为能够形成综合的社会性、持续性文化消费效应。文化消费产业化发展是我国文化消费发展的必由之路。文化消费产业化发展的重要意义在于能够形成持续性的文化消费需求,有利于文化产品的生产发展与消费扩大,实现文化产业可持续发展。

综上所述,随着我国经济发展、居民收入水平及生活水平的不断提高,人们在食品、服装、一般家用电器等满足物质需要方面的消费支出将逐步减少,而在通信、旅游、教育、娱乐等满足精神需要方面的消费支出将会逐步增加,居民消费结构呈多元化趋势并进一步得到优化。可以预见,在不久的将来,文化消费将会在居民消费中占据主导地位。

第5章　文化需求与文化供给

在市场经济中,价格是经济参与者相互联系和传递经济信息的机制,同时,价格机制也使经济资源得到有效率的配置,任何商品的价格都是由需求和供给两个方面的因素共同决定的,消费者和厂商的经济行为的相互关系表现为产品市场和生产要素市场供求关系的相互作用,正是这种供求关系的相互作用形成了市场的均衡价格。因此,要完整理解文化市场的运行基本规律和文化市场的价值规律,提高文化市场的资源配置效率,必须全面了解文化需求及其特征、文化供给及其特征和文化市场供需均衡规律。

5.1　文化需求及其特征

需求是连接生产与消费的不可或缺的中间环节,是引导生产发展和进步的根本动力,也是引导消费活动进行的内在原因。根据马斯洛的需求层次理论,人在满足了吃穿住行等这些基本的物质需求之后,就会进一步的产生更高层次的文化需求。随着人均收入的增加,中国已经步入中等收入偏上国家行列,人们的需求开始变得越来越多样化,也就越来越追求精神文明方面的需求,尤其是文化需求。因此,如何更好满足人们日益增长的文化需求是目前亟待解决的问题,这就需要更好地认识文化需求的内涵及特征。

5.1.1　文化需求的含义及类型

1)文化需求的含义

在西方经济学中,需求是指消费者在一定时期内在各种可能的价格水平下愿意而且能够购买的商品的数量,是购买欲望与购买能力的统一。根据西方经济学理论,在一般情况下,其他条件不变,商品的价格和需求量之间存在着反方向变动关系,但部分商品除外,即这类商品当价格上升时,需求量不一定减少,相反,价格下降时,需求量不一定增加。

文化需求作为人们的需求之一,指的是人们在一定时期之内为了满足自身各种精神生活需要而形成的对文化商品(包括实物和非实物形式存在的文化商品)的要求,并通过一定的量表现出来。作为人类社会生活的精神现象,文化需求是社会经济发展的必然产物,作为人的本质的一种自我确证,文化需求又是人的自身发展的必然表现形态。文化商品包括文化产品(实物形式)和文化服务(非实物形式),是文化经济化趋势下文化的商品属性日益被发掘出来的产物,联合国教科文组织对文化产品(Culture Goods)和文化服务(Culture Services)的定义分别为:文化产品是传递思想、符号和生活方式的消费品,包括书籍、杂志、多媒体产品、软件、录音带、电影、录像带、视听节目、手工艺品和服装设计等;文化服务是满足人们的文化兴趣和文化需求的行为,文化服务虽然不是物质产品,但是可以促进物质产品的生产和分配,典型的文化服务包括许可及其他与知识产权有关的服务、音像发行、表演艺术和文化活动、文化信息的推广以及书籍、录音和人工品的保存等。

2) 文化需求的类型

根据人们需求的文化商品对象是否有形,可以将文化需求分为产品性文化需求和服务性文化需求。产品性文化需求指的是人们对实物形式文化产品的需求,服务性文化需求指的是人们对非实物形式文化服务的需求。

根据满足文化需求是否必须支付经济代价为标准,可以将文化需求分为非商品性文化需求和商品性文化需求。非商品性文化需求指人们无须支付价格就可以实现的需求,这种需求主要表现为社会公益性文化需求,它由文化生产部门无偿提供文化艺术产品而实现。商品性文化需求指人们通过购买手段,支付一定的价格,以货币交换方式实现的需求。由于这类文化需求是通过货币交换方式实现的对文化商品的有偿购买,主要通过市场进行。商品性文化需求中,由于需求动机的不同和购买结果的不同,又可分为投资性文化需求和娱乐性文化需求。投资性文化需求是指着眼于人的人文品格的培养和文化素质发展的需求,其目的是通过货币的投资行为实现货币的保值和增值。娱乐性文化需求指满足以感官享受为特征的需求。

5.1.2　文化需求函数及文化需求定律

影响文化需求的主要因素有：文化商品自身的价格、文化商品相关品的价格、人们的可支配收入水平、人们的闲暇时间、人们的文化程度、社会风俗习惯、国家的文化经济政策、文化基础设施建设、人们的闲暇时间、人口的构成和流动、地理环境、政治因素和一国对外文化交流的发展等，对一种文化商品的需求数量是由这许多共同因素决定的。

文化需求函数是表示一种文化商品需求数量和影响该文化商品需求数量的各种因素之间的相互关系，影响文化需求的各种因素是自变量，文化商品需求数量是因变量，即文化需求函数可以表示为：

$$Q_d = f(X_1, X_2, \cdots, X_n)$$

在上式中，Q_d 为文化商品需求数量，$X_1, X_2, \cdots, X_n$ 为影响影响文化需求的 n 种因素。一种文化商品的需求数量是所有影响这种文化商品需求数量的因素的函数。但是，如果对影响一种文化商品需求数量的所有因素同时进行分析，问题就变得非常复杂。为了简化分析，假定其他因素保持不变，仅仅分析人们的可支配收入水平、闲暇时间和文化商品的自身价格这 3 个最重要的因素对该文化商品的需求数量的影响。于是，文化需求函数可以简化为：

$$Q_d = f(I, T, P)$$

在上式中，Q_d 为文化商品需求数量，I 表示人们可支配的收入水平，T 表示余暇时间，P 表示文化商品自身的价格。

在影响文化需求其他因素不变的情况下，文化需求通常与人们可支配的收入水平和余暇时间成正比，与文化商品自身的价格成反比，这就是文化需求定律。这意味着，根据文化需求定律，要增加社会的文化需求，就必须大力发展经济，提高劳动生产率，提高人们的可支配收入水平，增加人们的闲暇时间，同时要大力发展文化供给，降低文化商品的价格。

5.1.3　文化需求弹性

在影响文化需求变化的各种因素中，任何一个因素的变化都会引起文化需求量的变化，例如，当一种文化商品的价格上升 1% 时，这种文化商品的需求量究竟会下降多少呢？当消费者的可支配收入水平上升 1% 时，该中文化商品的需求量究竟增加了多少？要想准确理解影响文化需求变化的各种因素对文化需求的影响，就必须理解"文化需求弹性"的概念。

一般来说,只要两个变量之间存在函数关系,我们就可以用弹性来表示因变量对自变量的反应敏感程度,即它告诉我们,当一个变量发生 1% 的变动时,由它引起的另一个变量变动的百分比。弹性计算的一般公式为:

$$\text{弹性系数} = \frac{\text{因变量的变动比例}}{\text{自变量的变动比例}}$$

设两个变量之间的函数关系为 $Y=f(X)$,若两个变量 X, Y 为离散型变量,则弹性的一般计算公式可以表示为:

$$E = \frac{\frac{\Delta Y}{Y}}{\frac{\Delta X}{X}} = \frac{\Delta Y}{\Delta X} \times \frac{X}{Y}$$

在上式中,E 为弹性系数,ΔX, ΔY 分别为自变量 X 和因变量 Y 的变动量,该式表示:当自变量 X 变化 1% 时,因变量 Y 变化百分之几。

若两个变量 X, Y 为连续型变量,则弹性的一般计算公式可以表示为:

$$E = \frac{\frac{\mathrm{d}Y}{Y}}{\frac{\mathrm{d}X}{X}} = \frac{\mathrm{d}Y}{\mathrm{d}X} \times \frac{X}{Y}$$

在上式中,d 为求导符号,其他变量含义同上。需求方面的弹性主要包括文化需求价格弹性、文化需求的收入弹性和文化需求交叉价格弹性等,最常用的文化需求弹性是文化需求价格弹性和文化需求收入弹性。

反映某种文化商品需求量与该文化商品价格之间变化关系的弹性为文化需求价格弹性,其表示在一定时期内一种文化商品的需求量变动对于该文化商品的价格变动的反应程度。或者说,表示在一定时期内当一种文化商品的价格变化 1% 时,所引起的该文化商品的需求量变化的百分比,它是某种文化商品的需求量的变动率和该种文化商品价格的变动率的比值。由于对文化商品的需求不同于人们对柴米油盐这些生活必需品的需求,人们对柴米油盐等生活必需品的需求持续而稳定,当价格变动时所引起的需求量的变动率会小于价格的变动率,即其需求价格弹性较小,通常是缺乏弹性的(弹性系数小于1)。相反,人们对文化商品的需求具有多样性和广泛的可替代性,当价格变动时所引起的需求量的变动率会大于价格的变动率,即其需求价格弹性较大,通常是富有弹性的(弹性系数大于1)。

反映文化商品需求量与可支配收入之间的变化关系为文化需求收入弹性,

其表示在一定时期内消费者对某种文化商品的需求量的变动对消费者可支配收入水平变动的反应程度,或者说,表示在一定时期内消费者的可支配收入水平变化1%时所引起的该文化商品需求量变化的百分比,它是某种文化商品的需求量的变动率和消费者的可支配收入量的变动率的比值。马斯洛需求层次理论(Maslow's hierarchy of needs)认为:人类的需求像阶梯一样从低到高,按层次逐级递升,分别为:生理上的需求、安全上的需求、情感和归属的需求、尊重的需求和自我实现的需求,除此之外的另外两种需要为求知需求和审美需求,这两种需要未被列入到他的需求层次排列中,马斯洛认为这两种需求应居于尊重需求与自我实现需求之间。根据马斯洛需求层次理论,对消费者而言,低层次的需求以物质商品需求为主,高层次的需求以精神性文化需求为主,这也就是说,相当多的文化需求收入弹性高于物质商品的需求收入弹性,在收入水平已经达到基本解决温饱问题的高度并持续提高,闲暇时间存在并不断增长的前提下,文化需求会以快于货物需求的速度增长,这就意味着在通常情况下,文化需求的收入弹性大于1,即文化商品通常是富有需求的收入弹性的,其结果当实际可支配收入增加时,实际文化需求将以大于收入增长率的比率增长。

根据上述分析,不难预期,在目前的社会主义市场经济条件下,竞争推动着科学技术的不断创新和社会生产力的迅猛发展,生产率的提升使得人们的闲暇时间得以存在和和延长。随着人均国民收入水平的上升,今后物质产品需求在社会总需求中所占的份额将逐步下降,而文化需求所占份额将由慢到快地稳步上升,文化需求的领域将逐渐扩大。

5.1.4 文化需求的特征

文化需求不同于普通的商品需求,具备下述特征:

①文化需求具有多样性,因人而异。相同的文化商品,因人的教育程度、文化修养、人生经历、艺术趣味、年龄、职业、个性、偏好等之不同,产生的感受而大相径庭。

②文化需求中蕴含着人文价值。这种人文价值包含着:对消费者在消费过程中情感诉求的人性关切;对消费者在消费过程中审美趣味的艺术满足;对消费者在消费过程中风险饶让的道德承诺。它首先表现为一种观念、一种哲学、一种精神,继而物化或人格化于物品与劳务之中,并随着商品的交换而让渡给消费者,最终以货币形式(当然,还不限于此)证实自己的价值存在。

③不同于传统的基数效用理论认为普通的商品消费存在边际效用递减规

律,典型的文化产品的消费带给消费者的满足感很可能是递增的。例如,人们在第一次接受某件文化作品时可能并不喜欢,但是经过反复研究、揣摩之后就可能喜欢上它。这一现象可以用"文化资本"来解释,所谓"文化资本"是指欣赏和复制一种或一类文化产品的所必须具备的知识。由于"文化资本"的存在,人们的品位可以内生地变化。此外,网络经济理论关于边际效用递增的假设也可以用来解释这一现象。网络经济理论认为,网络消费品的效用会随着新的消费者的加入而带来边际效用的增加。例如,只有一台电话被使用时无法产生效用,但当同一网络里的电话越来越多的时候,边际效用会递增。我们在消费某种文化商品时,例如看电影,就会发现当收看这部电影的人越多时,看这部电影得到的满足感也会越大,这可能就是很多好莱坞大片流行的原因。但是,并不是所有文化商品的边际效用都是递增,在文化商品中,处于需求层次下端或者知识含量较低的产品的边际效用仍然是递减的。

5.2　文化供给及其特征

相对落后的文化生产方式与人们因收入不断增长而产生的精神文化的需求不断增长之间的矛盾成为我国目前文化建设的主要矛盾。因此,进一步解放和发展文化生产力,提高文化产品和服务供给能力,加快构建公共文化服务体系,加强公共文化产品和服务供给,以满足人民日益增加的文化需求,就有必要更好地认识文化供给的内涵及特征。

5.2.1　文化供给的含义及类型

1)文化供给的含义

在西方经济学中,供给是指生产者在一定时期内在各种可能的价格水平下愿意而且能够提供出售的商品的数量,是提供出售的愿望与提供出售能力的统一。根据西方经济学理论,在一般情况下,其他条件不变,商品的价格和供给量之间存在着同方向变动的规律。

文化供给是指文化生产部门为了满足社会的文化需求在一定时期之内愿意并且能够向市场提供的提供文化产品和商品的数量,它与文化需求相对应,其作为文化经济活动的一个重要内容,与文化需求共同构成文化经济的基本矛盾运动。

2）文化供给的类型

文化供给包括实物形式和非实物形式。以实物形式存在的文化产品和商品,指的是传递思想、符号和生活方式的消费品,如报刊、杂志、字画多媒体产品、软件、录音带、电影、录像带、视听节目、手工艺品和服装设计等。以非实物形式存在的文化产品和商品,指的是满足人们的文化兴趣和文化需求的行为,文化服务虽然不是物质产品,但是可以促进物质产品的生产和分配,如许可及其他与知识产权有关的服务、音像发行、表演艺术和文化活动、文化信息的推广以及书籍、录音和人工品的保存等。

根据文化供给是否付费为标准,文化供给可以分为无偿的产品型供给和有偿的商品型供给。无偿的产品型供给是指由文化生产部门向社会提供的无须购买的人人都能够得到的文化产品,通常是由政府无偿提供公共文化产品。有偿的商品型供给是指由文化生产部门向社会提供的人们必须通过购买才能得到的文化商品。无论是无偿的文化供给,还是有偿的文化供给,在其生产的过程中都需要资金的投入,涉及社会的经济关系。

5.2.2　文化供给函数及文化供给定律

影响文化供给的因素主要有:文化商品自身的价格、文化商品相关品的价格、生产文化商品的成本、生产文化商品的技术水平、文化商品生产者对未来的预期、文化基础设施、国家的文化经济政策和社会对文化事业的重视和支持等,对一种文化商品的供给量是由这许多共同因素决定的。

文化供给函数是表示一种文化商品供给量和影响该文化商品供给量的各种因素之间的相互关系,影响文化供给的各种因素是自变量,影响文化商品供给量是因变量,即文化供给函数可以表示为:

$$Q_s = f(X_1, X_2, \cdots, X_n)$$

在上式中,Q_s 为文化商品供给量,$X_1, X_2, \cdots, X_n$ 为影响影响文化供给的 n 种因素。一种文化商品的供给量是所有影响这种文化商品供给量因素的函数。但是,如果对影响一种文化商品供给量的所有因素同时进行分析,问题就变得非常复杂。为了简化分析,假定其他因素保持不变,仅仅分析对文化商品供给量影响最大的文化商品的自身价格对该文化商品的供给量的影响,于是,文化供给函数可以简化为:

$$Q_s = f(P)$$

在上式中,Q_s 为文化商品的供给量,P 表示文化商品自身的价格。

文化商品的供给规律主要表现为文化商品供给量与自身价格之间的关系,同其他商品的供给规律一样,在其他条件保持不变的情况下,文化供给与文化商品自身价格的变化成正比。

5.2.3 文化供给弹性

在影响文化供给变化的各种因素中,任何一个因素的变化都会引起文化供给量的变化,想要准确理解影响文化供给变化的各种因素对文化供给的影响,就必须理解"文化供给弹性"的概念。文化供给价格弹性包括文化供给的价格弹性、文化供给的交叉价格弹性和文化供给的预期价格弹性,最常用的文化供给弹性是文化供给的价格弹性和文化供给的交叉价格弹性。

1)文化供给的价格弹性

表示在一定时期内一种文化商品的供给量的变动对于该文化商品的价格变动的反应程度,或者说,表示在一定时期内当一种文化商品的价格变化1%时所引起的该文化商品的供给量变化的百分比,它是文化商品的供给量变动率与该文化商品价格变动率之比。

2)文化供给的交叉价格弹性

在一定时期内,一种文化商品的供给量的变动对于该文化商品的相关商品的价格变动的反应程度,或者说,表示在一定时期内,当一种文化商品的相关商品价格变化1%时所引起的该文化商品的供给量变化的百分比,它是文化商品的供给量变动率与该种文化商品的相关商品的价格变动率之比。

5.2.4 文化供给的特征

文化商品的供给和普通商品供给相比,存在下述特征:

首先,对于一般商品来说,供给曲线是向右上方倾斜的,意味着价格与供给量是同方向变化的,而对于文化商品来说,其短期供给曲线也是向上倾斜的,长期供给曲线却可能是平坦的。对于大部分文化商品来说,其初期投入成本都很大,如电影、电视节目或唱片等,在制作时往往需要投入很大的成本,但是一旦被制作出来,再复制的边际成本却是固定不变的,几乎为零。

其次,文化商品还有一个很显著的特点,就是其价格基本上是不变的,是非弹性的。因为文化商品的生产周期通常很长,但演出周期很短。开始实行的价格是策略价格,一旦实行就很难再变动。因此,这部分文化商品的长期供给曲线通常是平坦的。但对于剧场表演类文化供给,其供给曲线是垂直的,因为对于剧场表演的场地提供商来说,座位数量并不会随着票价的上升而增加。

再次,文化商品性质的不同决定了其供给方式的不同,而供给方式的不同决定了其产业性质的不同。文化商品可以根据经济性质的不同分为以下几类:私人产品、准私人产品、准公共产品。书籍、杂志、唱片、录音带等属于私人产品,这类文化产品是文化产业中最成熟的商品形式,经大量制作后通过批发、零售渠道销售到个体消费者手中;而电影、剧场表演、音乐演奏会、现场演奏会等属于准私人产品,这类产品是在有既定座位数量的表演场所中被消费的,即便是公开的,某人购票入场后仍在效果上排除了另一个可能进入观赏同一演出的人;广播电视和电视台播送的各种节目则属于准公共产品。美国经济学家皮卡德将美国的媒介产业划分为了4种产业。其中,电影、杂志产业介于完全竞争和垄断竞争之间,录像带、唱片、图书产业大致上属于垄断竞争,而无线电视、报纸和有线电视则介于寡头垄断和完全垄断之间。

此外,文化商品在消费过程中也伴随着对文化商品的再生产,并且这种再生产在信息化时代被放大。当一个消费者存在正外部性的消费行为时,会增加其他该产品消费者的消费质量,等同于这个消费者在增加价值。因此,这个消费者也被认为参加了该文化商品的生产。在信息时代,计算机网络和通信网络的存在使得消费者参与再生产的可能性大大增加。正是基于这个原因,赫希认为文化商品总是被过度地生产出来。

5.3 文化供需均衡、失衡及其调节

文化需求与供给相互制约、相互影响,两者共同构成一对矛盾运动,其中任何单独一方都无法形成文化市场供需均衡。文化市场均衡总是在文化市场的需求和市场供给这两种相反力量的相互作用下共同形成的。

5.3.1 文化供需均衡

在经济学中,均衡的一般意义是指经济事物中的有关变量在一定条件下所达到的一种相对静止的状态。在文化市场上,当文化需求与文化供给相等时,意味着文化供需出现均衡。一种文化商品的均衡价格是指该文化商品的市场需求

量和市场供给量相等的价格,在均衡价格商品下的相等的供求数量被称为文化商品的均衡数量。文化市场上需求量和供给量相等的状态,也被称为文化市场出清的状态。从几何意义上说,一种文化商品市场的均衡出现在该文化商品的市场需求曲线和市场供给曲线相交的交点上,该交点被称为均衡点,均衡点上的价格和相等的供求量分别被称为文化商品的均衡价格和均衡数量。

文化商品的均衡价格表现为文化商品市场上需求和供给这两种相反力量共同作用的结果,它是在市场的供求力量自发调节下形成的。当文化市场上文化商品的市场价格偏离均衡价格时,市场上会出现需求量和供给量不相等的非均衡状态。一般来说,在文化市场机制的作用下,这种供求不相等的非均衡状态会逐步消失,实际的市场价格会自动恢复到均衡价格水平,文化市场会在市场自发力量的作用下,最终达到市场均衡或市场出清状态。但是这种市场自发调节是有局限性的和滞后性的,因此,文化市场经常变现为非均衡的矛盾状态。文化市场的供求关系就是由文化供给与文化需求这两个既相互矛盾,又相互协调的统一运动形式构成。

所谓文化的供求关系,指的是文化生产部门的文化供给与广大人民群众的文化需求之间相互影响、相互制约的关系。社会主义社会的生产,其根本目的就是最大限度地满足人民群众日益增长的物质和文化需要,这就决定了我国社会主义文化生产的立足点和着眼点是人民群众日益增长的文化需求。文化生产如何才能既满足人民群众日益增长的精神文化需求,又不浪费文化生产资源呢,这涉及文化供求平衡的问题。只有文化供求达到平衡,使两者的关系协调,才能实现上述目的,文化产业才能沿着良性的轨道健康地发展。

5.3.2 文化供需失衡的表现及其原因

1)文化供需失衡的表现

随着社会经济的发展,物质生活水平的提高,人们对精神文化生活的需求越来越强烈。一方面,随着经济成分和经济利益多样化、社会生活方式多样化、社会组织形式多样化、就业岗位和就业方式多样化,人们的精神文化需求日趋复杂多样;另一方面,我国的精神文化生产和文化产业的发展却相对落后,跟不上人民群众精神文化需求的增长,导致我国当前文化供需失衡日益突出。这些矛盾主要表现在以下几个方面:

（1）文化供给与需求的地域性失衡

文化供给与需求的地域性失衡指的是同一种文化商品在不同区域的文化市场上，供给量和需求量的不均衡。主要表现在城市地区与农村地区、经济发达地区与经济落后地区、中心地区与偏远地区文化商品的供求的质量与贫富的差异而导致的供需失衡。由于文化基础设施和文化商品大多集中于城市、经济发达地区和中心地区，而农村、经济落后地区和偏远地区文化基础设施薄弱，文化商品缺乏，从而出现城市地区、经济发达地区和中心地区文化供给能力过剩，而广大农村、经济落后地区和偏远地区的文化供给不能满足人民群众的文化需求。这种情况，随着人民物质生活水平的不断提高呈现出日益加剧的趋势。

（2）文化供给与需求的层次性失衡

文化供给与需求的层次性失衡是指不同层次的文化商品在供给和需求之间不相适应的情况。主要表现为文化商品的供给和需求在构成上的不平衡。主体精神构成的层次性差异，造成了对不同层次的文化商品需求的差异。人们收入水平的差异带来的需求选择的层次性差异。另外，由于人们的收入水平、年龄、职业、传统习惯、兴趣和爱好的不同，使人们对文化商品的需求呈现出多样性、多层次性和复杂性，从而导致经常会出现不同层次的文化商品在供求结构上的失衡。

大众文化的发展刺激了人们对娱乐性、消遣性的大众文化的需求增长，而对较高层次的文化商品，通常它的需求对象只限于具有较高文化程度和文化素养的人们，其需求本来就不旺，再加上大众文化的冲击和挤压，其需求更加不足。在文化市场上，文化生产商首先考虑的不是文化层次的发展和提升，而是经济利润。对于需求不高，成本却很高的高雅文化产品，他们的兴趣不大，而对文化需求量很大的大众文化产品，因存在高额的商业利润，而大批量的生产。因此，可能出现大众文化的供给过剩，充斥市场，而高雅文化的供给不足，市场缺货的情况。

（3）文化供给与需求价值取向的背反性失衡

文化供给与需求价值取向的背反性失衡是指文化商品供求关系在经济效益和社会效益、经济的商业票房价值和社会的文化审美价值之间的不平衡状况。主要表现在由文化商品的特殊构成而形成的两种不同的价值评价指标，在引导文化生产和消费过程中造成的两种效益的分离和两种价值的倒挂，即导致经济效益和社会效益的分离，经济价值和社会审美价值的倒挂。

2）文化供需失衡的原因

导致文化供求失衡产生的原因是多种多样的,也是非常复杂的,总体来说,由两个方面决定的:

第一,人们的文化需求本来就是多种多样的、复杂的,不确定因素很多,很难把握。不同的经济发展阶段人们对文化需求是不同的,随着经济的发展,人们的文化需求呈不断增长的趋势,这种趋势表现为文化需求随着经济的发展由单一走向多样,由简单走向复杂。在同一经济发展阶段上,人们对文化生活的需求也是多种多样、各不相同的,呈现出明显的差异性和层次性。这种情况与人们的年龄、文化程度、职业等有着密切的关系。具体表现为以下特点:人们文化需求的形式是多种多样的,内容是广泛的;各种文化需求的结构比例是不同的,而且是经常变化的;影响文化需求的因素是多方面的;在不同的地域、不同的社会经济环境中,人们的文化需求状况是不同的。

第二,文化生产的盲目性和趋利性,导致文化资源的配置不科学。由于市场机制作用的盲目性和滞后性,导致文化企业产出不能跟上文化需求的步伐,当市场上当前阶段的文化需求已经发生变化,由于市场信息传递不及时,而文化企业为了追求利润最大化,仍然按照上期的需求来安排本期的产出,就有可能产生社会供给和社会需求的失衡,文化产业结构安排不合理,无序生产,以及市场秩序混乱等现象。另外,文化需求如上所述,变得日益复杂多样,很难把握,而且文化生产主体、经营主体和文化投资主体多样化,增加了文化资源配置和政府对文化进行宏观调控的难度,从而使文化失衡呈加剧的趋势。

5.3.3 调节文化供需失衡的主要方法

文化供求失衡矛盾的存在意味着一方面人们的文化需求得不到充分的满足;另一方面大量的文化产品销售不出,其价值不能实现,导致很多文化资源的浪费。因此,对文化供求关系失衡的调整是文化建设的内在要求和主要任务。调整文化供求失衡主要靠文化市场自发调节和政府的宏观调控来进行。

1）文化市场的自发调节

文化市场对文化供求关系的自发调节主要是通过文化市场价格机制的作用影响文化产品的生产和需求,从而对文化供求进行自发的调节。文化的供给和需求都要受到价格机制这只"看不见的手"的支配,但是价格机制的变动对文化供给和需求的影响又是反方向的。假定在其他因素不变的情况下,文化商品价格的上升,文化供给就增加,而文化需求则下降。文化需求的下降,又会导致文化供给剩余,致使文化市场上文化供给量大于文化需求量,使文化商品的价格下降。而价格下降,又对供求双方产生相反的影响。即价格下降使供给减少,需求增加。因此,由于价值机制的作用和竞争机制的存在,文化供求关系总是趋向于平衡,当然这只是从理论上的分析。在现实生活中,在某一个具体的时点上,供求可能总是不平衡的。但从长期看来,又会趋向于大体上的均衡,从而表现为文化供求失衡矛盾的规律性运动过程。

但是,市场调节具有一定的盲目性、滞后性,不一定能真正地反映文化供求的真实情况,也不一定能使文化供求达到真正的平衡,因此需要政府的宏观调控。

2)政府宏观调控

文化产业是一个特殊的产业,文化商品也是一种特殊的商品。文化商品进入市场不仅要实现其商业价值,而且还要实现其社会价值,这是由文化的社会功能所决定的。同时,文化市场调节具有一定的盲目性和滞后性。因此,对文化供求实行宏观调控具有极其重要的意义。政府可以根据文化供求失衡的不同性质和特点,采取不同的方法和手段来进行宏观调节。主要可以分为经济性调节手段和非经济性调节手段。经济性调节手段主要包括以下几个方面:

(1)价格杠杆

因价格的变动能够调节文化供给量和需求量向相反的方向变动,所以价格杠杆是最主要的调节手段,比其他经济杠杆能更有效地调节文化供求关系。

(2)税收杠杆

运用税收杠杆来调节文化供求,其主要作用对象是文化商品的供给方面。通过实施不同的税收政策来达到保护、鼓励、促进或限制不同的文化商品的供给,使健康、有益、社会需要的和有利于社会文化事业发展的文化供给能得到有效的提高,使文化供求的矛盾得到解决。

(3)财政政策和货币政策

国家的财政政策和货币政策也对文化供给具有重要的调节作用。其调节的对象主要是无偿的产品型文化供给以及一些公益性文化供给。

除了经济性调节手段以外,一些非经济性手段,包括健全文化行政立法,完善政策措施,加强必要的行政管理,也是保证文化供给,调节供求平衡的不可忽视的重要手段。

第6章　文化商品的价格

文化商品价格作为价值规律的主要表现形式在文化经济发展过程中占据非常重要的地位,是文化经济各个方面问题的综合反映。文化商品价格运动状况如何,涉及从生产到消费文化经济运行的全部矛盾运动,给整个国民经济价格体系变动带来深刻的影响。因此,系统研究文化商品价格,认识和了解文化商品价格变动的特殊规律,分析把握文化商品价格体系的基本形态,以及国民经济各个方面对文化商品价格的影响及相互关系,是文化经济学研究的一个重要基础。

6.1　文化商品的价值和价格构成

价格是以货币作为一般等价物来表现的价值形式,任何商品在市场上的价格变动,都反映其价值的变动,从而形成了价格水平的运动规律(即量的变化),反映了作为相对价值的商品本身价值量与作为一般等价物的货币价值量之间的本质联系,以及两者之间发展变化的内在关系,这是不以人的意志为转移的商品价格和价值运动的基本规律。这一规律是文化商品价格与价值运动的最一般关系。文化商品价格在质的规定性上是以价值为基础的,但是,文化商品的价格作为社会商品系列中的一个特殊对象,又很难准确地反映出文化艺术产品的价值,也就是说,文化商品的价格又不以它们的价值为基础。

6.1.1　文化商品的价值

1)文化商品的价值和使用价值

马克思主义认为,价值和使用价值是商品的基本属性。价值是凝结在商品中的人类一般劳动,抽象劳动形成商品的价值,是商品交换的基础。具体劳动创造商品的使用价值,使用价值是指商品的有用性,是价值的承担者。价值和使用价值既是商品构成的基本矛盾,也构成了商品运动的基本矛盾关系。作为满足人们发展和享受需要的精神文化产品同其他物质产品一样,同样凝结了社会劳动量或耗费社会必要劳动时间,同样是价值和使用价值的统一体,同样具有价值和使用价值这一商品的基本属性。

(1)文化商品的使用价值

文化商品的使用价值所满足的是人们精神生活的需要,主要表现为满足人们求知、求美和求乐的欲望,提高文化智力水平与思想道德水平,实现审美消遣娱乐,是欣赏价值、审美价值、认识价值、研究价值的总和。文化商品的使用价值,就在于它能向社会消费者提供精神生活方面所需要的文化性消费资料。文化性消费资料,可以分为独立存在的实物形态加以活劳动存在的非实物形态两种形式,它既包括满足人们精神生活所需的物质文化产品,又包括满足人们文化娱乐服务享受和发展需要的文化服务。

精神劳动物质化和价值化,取得物的外壳是文化商品的基本特点。精神劳动借助于书报杂志、文娱用品、音像制品等物质载体,直接为社会提供丰富多彩的文化消费品,并构成劳动力再生产所需的享受资料以及发展资料,成为社会总产品的组成部分。人们在消费这些物质载体的同时获得"精神食粮",陶冶情操,丰富精神生活,从而实现物质与精神上的享受和发展的需要。

文化服务作为活动,其生产与消费过程在时空上具有同时性和并存性,它在消费过程中存在,消费完毕,服务活动也就终止。服务过程是活劳动的消耗过程,是创造使用价值的劳动过程,它在交换中以货币形式得到补偿,从而具有商品属性。因此,文化服务是非实物形态的使用价值。

(2)文化商品的价值

文化商品不仅具有使用价值,还具有一定的价值。所谓文化商品价值,是指凝结在文化产品中的一般人类劳动,是由文化劳动者的抽象劳动创造的。商品的价值由生产该商品所耗费的劳动决定,是具体劳动与抽象劳动的统一。具体劳动创造商品的使用价值,抽象劳动决定商品的价值。具体劳动表现为不同形态,无法进行比较。抽象劳动则是人类脑力、体力的耗费,对于任何商品都是一样的,可以进行比较。无论是物质劳动还是精神劳动,都可以看作是人类劳动力在生理学意义上的耗费。文化商品价值同其他商品价值一样,也由3部分组成:

①生产文化商品是所耗费的原材料价值、设施与设备的折旧,形成文化商品价值中的生产资料价值。

②文化商品劳动者和服务人员的必要劳动创造的价值,是维持劳动力再生产所需的消费资料价值。

③文化商品劳动者和服务人员在必要劳动之外创造的价值。

文化服务的抽象劳动以服务活动形式表现出来而非凝结在某一物的形式上。虽然服务劳动完毕,服务消费即终止,这一点与物质商品不同,但形式上的差别并不会改变服务是抽象劳动消耗从而创造价值的本质。服务同样具有交换价值,它的价值等于维持服务的物质性商品价值和服务本身形成的价值。

（3）文化商品的价值与使用价值的关系

单位商品价值量的大小,与凝结在商品中的社会必要劳动量成正比,与劳动生产率成反比。社会必要劳动时间决定商品的价值量,在现有的社会生产条件下,在社会平均的劳动熟练程度和劳动强度的情况下,生产某种商品所需要的劳动时间即社会必要劳动时间越大,则商品的价值量越大,所用的社会必要劳动时间越小,则商品的价值量越小。根据马克思主义经济学中关于商品价值和使用价值的这一基本原理,文化商品的价值应当是凝结在文化商品中的人类一般劳动,是主体创造性劳动的结晶。文化商品的使用值就是它作用于人的精神世界后所产生和发挥的效益的广泛有用性。作为精神劳动的产物,文化商品并不仅仅是满足生产者自己的精神需要(宣泄和表达),而是通过交换自然流向非生产者(文化消费者),从而实现它本身真正的意义,即凝结在文化商品中的劳动只有通过交换才能得到社会的承认,文化商品的生产者也才因此获得一定的经济权力(货币),从而确立其在社会中的地位。在这过程中,文化商品生产者与其产品的关系外化为与其他社会主体的关系,在这种关系的历史表象背后,是两种性质完全不同的劳动交换关系。因此,即便是在马克思的《资本论》所研究的资本主义时期,这种劳动交换关系也并非都是雇佣劳动关系。这就是马克思曾经指出的:"密尔顿创作《失乐园》,得到五镑,他是非生产劳动者。相反,为书商提供工厂式的劳动的作家,则是生产劳动者。密尔顿出于同春蚕吐丝一样的必要而创作《失乐园》,那是他的天性的能动的表现。后来,他把作品卖了五镑。但是,在书商指示下编写书籍(例如政治经济学大纲)的莱比锡的一位无产者作家却是生产劳动者,因为他的产品从一开始就属于资本,只是为了增加资本的价值才完成的。"是否从属于资本和是否创造剩余价值,成为马克思区分不同生产劳动的性质和揭示不同性质的劳动背后的社会关系的尺度。文化商品交换体现的生产关系反映和揭示的是精神领域和精神世界里人们结成的社会关系,是一种特殊的权力形式:精神占有、精神影响,与物质生产关系呈非对应性的文化生产关系,可以超越于一般物质生产关系之上。因此,马克思也特别地指出"物质生产的发展""同艺术生产的不平衡关系"。

　　然而问题是:密尔顿也创造了《失乐园》的价值和使用价值,即将它进入流通领域实现了劳动的交换,按当时的比价标准卖得了五镑价值量的具体体现,获得了"文化商品"的市场规定性,而价值量又是由"社会必要劳动时间"决定的,但密尔顿创作《失乐园》又完全是天性能动的表现,即完全是一种个体性的精神劳动,而非"工厂式的劳动"。这两种性质不同的劳动,都创造了文化商品的价值和使用价值。如果说"工厂式的劳动"体现的是"社会必要劳动"的存在状况,并且决定着文化商品的价值量的话(马克思是把它看作是创造剩余价值的一种形态,并且把它与"天性的能动表现"相区别),那么,密尔顿完全出自"天性的能动的表现"的《失乐园》卖得了五镑这样的价值量又是怎样被确定的呢? 因此,问题的关键是:如何确定生产文化商品所必需的人类一般劳动,即所谓"社会必要劳动时间"? 文化商品的价值和价值量,是否由"社会必要劳动时间"决定的? 又怎样理解凝结在文化商品中的所谓"人类一般劳动"? 精神生产有没有这样的"一般劳动","在现有的社会正常的生产条件下",社会平均的精神"劳动熟练程度和劳动强度"是什么,在这样的条件下,一个村姑即兴吟诵且传世的民歌与一位诗人精心创作的诗在价值量上究竟又有什么本质的区别? 又何以理解希腊神话对于欧洲文学的"永久魅力"? 作为文化商品的特殊形态的著作权的价值及价值量又该以怎样的尺度来评估? 人类文化商品运动史实一再证明,在文化商品价值的认定上"社会必要劳动时间"无法量化和确定。谁也无法规定创作一部长篇小说、学术著作,或是一部交响乐作品或者一首诗、一幅美术作品的"社会必要劳动时间",用一生之心血写作的长篇小说,就一定比一蹴而就的短篇小说更有价值。因为任何属于非重复性的精神产品的生产或者创作,不仅是某个人或少数人的能力的耗费,而且还凝结着他人或前人的劳动,因此无法确切找到其中的"社会必要劳动时间"。所以,马克思说:那些"不能由劳动再生产的东西(如古董、某些名家的艺术品等等)的价格,可以由一系列非常偶然的情况来决定",而不是由所谓的"社会必要劳动时间"决定的。

"社会必要劳动时间"就是在其他条件一致的情况下,用社会必要劳动时间交换价值,是马克思劳动价值论提出的测量商品价值的一种方法,是马克思劳动价值论的本质。但实际上,劳动不一定创造价值,价值也不一定都是由劳动创造的。这也就意味着劳动时间本身并不必然具有价值。由于生产方式和科技水平不同,不同时代、不同国家或地区以及不同经济体系生产同一商品的社会必要劳动时间也不相同,但这并不是构成不同时代文化商品价值量的差异性的依据,用"社会必要劳动时间"这一尺度就无法测定文化商品的价值和价值量,其原因就是在精神产品的生产中不存在"社会必要劳动时间"。劳动价值论只是说明劳动创造价值,人们为了创造价值而劳动,所以许多商品的价值可以通过"社会必要劳动时间"这一尺度来度量,但不把社会必要劳动时间作为衡量一切价值的唯一标准。就文化商品的原创形态来说,每一件都是独一无二的精神产品,正如科学发现只能承认第一次发现的价值,重复发现即没有价值一样。这种独一无二的文化商品的特性使得它的生产只有精神生产主体的个别劳动时间,而没有社会必要劳动时间。因此,文化商品的价值和价值量无法用社会必要劳动时间加以测定,而是以体现在个别劳动中的精神世界的发现和创造所达到的人类本质力量的对象化的高度为依据,由凝结在文化商品中的精神发现和精神的创造性劳动满足人们精神需求的程度决定的。在生产方式和科技水平一定的情况下,人们能准确地度量出生产某种精神产品的物化形态的劳动量,却无法准确地计算生产某种精神产品在原创过程中所消耗的劳动量。而后者才是真正决定文化商品价值的,特别是在篇幅大致相同的作品中,劳动量与价值量并不如一般商品生产那样成正比,甚至可能会因种类不同而出现耗费的劳动与实现的价值成反比的情况。具有高度文化价值的文化商品,也并不一定在市场上具有较高的价值。文化商品的市场价值,当它的某一使用价值未被人们发现和广泛承认之前,其价值就仅具有理论意义,而不具有实践意义。故个别劳动中的精神性创造与发现的程度表现为决定文化商品价值的独立的变数,而文化商品生产系统的变数。例如文化经济的增长,具体化为使用价值的增长和社会需求的扩大,实际上取决于这种个别劳动精神独立性所达到的由必然王国到达自由王国的程度。文化商品价值与使用价值的运动、变化和发展,即由这样的逻辑来决定的。

2) 文化商品的价值两重性

　　文化商品的特殊性在于用形式化的结构创造表达了人类的思想、感情、理智、想象和幻想,使生命的自由活动得以对象化。无论是理论地还是艺术地把握世界,文化商品都可以用最大胆的想象、联想、假设,呈现最稀奇古怪、最荒诞不经的形象和得出让人惊心动魄的结论,却能保持着内在生命逻辑的统一。就文学艺术作品而言,有时甚至仅仅改动了一根线条,一个字,就会使整个作品的意义世界大相径庭。正是人对自身生命历程的感悟和对意义世界的把握,使他们将自己的体验加以形式化和形象化,并且把这种通过形式化和形象化的体验传达给别人,从而获得关于生命主体和意义世界的价值确认。文化产品无论它是给人以生动丰富的形象系统,还是给人以严谨缜密的逻辑世界,都让人们更为深刻地洞见世界丰富而复杂的形式结构和内容结构,满足人类在生理需要、安全需要、交往需要之外的精神表达与心灵沟通的需要。这样,就形成了文化商品价值的两重性:文化商品生产主体的价值判断和社会整体的价值判断这两种不同的价值度量系统。

在创作主体中,一部文化作品的精神价值不是一种先验标准的认同和逻辑推理的判断,它只存在于个体生命的直觉体验中,是个体在精神活动和精神世界的创造过程中的意义选择,不可逆,也无法复制。美学家朱光潜曾用"推敲"一词为例特别指出:是"僧推月下门"好,还是"僧敲月下门好","其实这不仅是文字上的分别,同时也是意境上的分别","究竟哪一种意境是贾岛当时在心里玩索而要表现的,只有他自己知道","所以问题不在'推'字和'敲'字哪一个比较恰当,而在哪一种境界是他当时所要说的而且与全诗调和的"。主体独特的生命体验就是他的创作的价值标准。他体会到哪一个层次,就以哪一个层次作为主要的价值标准。所以,关于贾岛诗句的一字之改,朱光潜"怀疑韩愈的修改是否真如古今所称赏的那么妥当"。然而,也恰恰就在这里,无论是表现在韩愈还是朱光潜身上,都揭示了关于文化商品价值的社会整体价值判断,这是文化商品价值判断的另一重性。文化商品生产并不仅仅是主体独立完成的事,尤其是随着社会的进步,社会成员之间的相互服务、参与意识越来越强,社会的整体意识提高,文化生产再不是与世隔绝的个人乐趣,而是一种不可或缺的社会精神生产,并以此满足社会公众的精神消费需求来达到社会的总体协调平衡,这也是人类文明社会自我调适的一种生态系统。从这个意义上说,韩愈与贾岛之间"推敲"的这段文字缘也就超越了它本身的意义范畴,而达到了社会调适、社会参与和评价的层面上。一件文化产品,无论它是建筑设计还是民歌民谣,是城市雕塑还是服装表演,作为对象,它能满足公众精神消费的范围越深广,对社会的文化建设与人的全面发展的贡献就越大,其社会价值也就越大。如果是创作主体的得意之作,而社会公众却反应平淡乃至冷漠,甚至根本无法进入流通领域(如某些"行为艺术"),也就无法实现公众参与和社会响应,那么,它的社会价值就会很小,甚至可能出现负价值的情况,这就导致文化商品由精神生产主体赋予的个体价值判断与由大众接受程度所决定的社会价值判断的差异性。

从而导引出文化商品价值判断两重性的第二个层次构成:文化产品潜在精神价值和文化商品交换价值的两重性。这是文化商品独有的商品特征。一件独特的文化产品,自身蕴藏其审美的或认知的精神价值,但对于社会来说,在它还没有被广泛感知、体验、欣赏并通过市场交换进入人们社会文化生活的时候,它无法发挥其社会效用,它的价值就处于一种潜在的、有待实现的价值状态。只有当它进入文化产业链被大量复制并进入市场,作为一种文化商品被消费者广为消费的时候,它的潜在价值才成为现实的价值。这种现实价值的实现,由产品对社会需求的满足程度所决定,同时又必须以产品潜在文化价值为前提,没有潜在价值它就不复存在。所谓"千金难买相如赋""洛阳纸贵",就是这样一种规律的体现。在文化商品发展史上,这种情况常常出现:一件文化商品尽管有非常独特的文化内涵与文化贡献,但在它尚未成为大众广泛认同和喜爱的文化消费品时,它在市场上一文不值的可能性非常大;相反,那些文化独创价值并不算高的文化商品,由于契合了一部分消费者的欣赏口味或一个时期的文化消费时尚,从而能获得较广泛的市场占有率与较高的市场价格(价值的货币体现)。古今中外的文化史上,这样的例子不胜枚举。它说明,文化产品的内在精神价值与文化商品的交换价值在文化市场中始终处在矛盾的状况,造成这个矛盾的一个重要原因就是主体价值判断与社会价值判断的差异性。因此,这个矛盾是会随着社会整体文明程度的不断提高而趋于消解,使文化商品价值接近它的交换价值。然而,旧的矛盾解决之后,新的矛盾的差异性又会产生。正是由此产生的矛盾运动,推动人类社会文明不断向前发展与不断提升。

3)文化商品的价值实现机制

文化产品的潜在价值能否转化为交换价值,成为提供消费者精神消费需求的文化商品,进而获得它的价值确认和全部合理性,取决于社会的文化背景和文化商品的社会运作机制。正如美国学者 K. 彼得·埃茨科恩所说的,文化产品要转化成文化商品,"一要借助于社会结构,而社会结构自有其运行规律;二要通过社会集体,而社会群体要以文化上的若干标志来标明自己的范围"。

从本质意义来看,文化,是人与人之间互相识别的标志,是一种具有某种象征意义和意味的符号。不同的文化背景,实际是不同人的"身份证"。正是这样的标识、符号和"身份证",才形成了人群的种族、民族、籍贯等的分层与差异。多少个世纪以来,中国人之所以特别看重人的出身、籍贯,实质上就是特别看重人的文化背景。由于整个观念系统、行为模式乃至习俗爱好的差异,不同文化背景的人就容易形成文化冲突。南方人与北方人有明显差异,不同省份之间的人有差异,就是同一省份不同地区之间的人也是有差异的。所有这些大大小小的差异,以及由此所引发的冲突,都是由于文化身份的认同或排拒在历史过程中形成的。这种情况,中国存在,世界许多其他文明主体中也普遍存在。许多有影响的学者、理论家,如汤因比、韦伯、布罗代尔、沃勒斯坦、亨廷顿等人,在这一方面都进行了许多非常独到、精辟和深刻的研究。生活在不同地域环境中的人群,受到各自不同生存环境的制约,他们为了生存与发展,自然地形成许多自我约束和规范行为的习俗惯例,用以协调和处理整个社会内部与外部的各种关系,这就形成了一定人群的价值系统和文化系统。这种系统的历史形成本质上体现了不同的利益。因此,这种文化价值系统在不同人群的互相识别与互相区别中显得尤为重要,因为它关系到一种文化是否会被另一种文化同化这样一个终极命题。所以,文化系统一旦形成,不仅是规定和影响一定文化背景下的文化商品生产,而且也影响到一定文化背景下产生的文化商品价值的实现与传播。关于人体艺术作品的中、西文化冲突,就是一个典型的事例。在西方,从古希腊起,西方社会的主导价值观就是推重个人发展,强调个人奋斗和个性解放,把现实的、肉身的、感性与理性相统一的人看是最高的社会价值体,而把偏重来世的、压抑人性的、迷信权威天国的宗教文化作为从属。诚如哲学家罗素在比较东西方文化时说:事实上,西方人同时有两种道德观,一种只被宣扬而不被实行;另一种被实行而很少被宣扬。于是,表现人体美的艺术作品被大量地转化为大众化的文化商品。而在中国文化中,长期占统治地位的是儒家思想,伦理观念是其最重要的价值坐标。它强调人伦纲常、进退之道、礼仪节制及行为规范,它要求个人必须与社会取得默契,情感必为礼仪所规范,肉体需求必须让位给道义准则。表现人体美,追求个体精神享受与感官愉悦相统一的人体美感,自然为它所排拒,这样的艺术品当然无法进入市场成为文化商品实现其价值。19 世纪 70 年代,由西方传入中国的人体艺术图片,就被视为"春宫图"。当时刊行的《点石斋画报》曾从社会学的角度感叹道:不知此物在西方并不为奇,而在中国则"有违华禁"。20 世纪20 年代,军阀孙传芳把引进人体美术、织模特儿写生教学的留法画家刘海粟治罪,从而使许多文化价值很高的人体艺术品,在中国无法实现其价值。每个民族、不同的人群固然都有自己的文化传统和价值观,这是他们安身立命的基础,包含了全部的切身利益,但任何一个民族的进步发展和奋斗史,都具有某些吸引其他民族的不朽的独特的文化现象,并且在世界文化史上拥有永恒的地位。各民族发展的苦难历程都包含了人类历史的全部共同性与共通性,因此,当这些共同性、共通性以适当的形式表现出来之时,共同的生命体验就可以克服文化差异的障碍而在广泛的文化商品的沟通与交换过程中充分实现其价值。这是人类对整个文明史的共同尊重。这就是中国的《梁山伯与祝英台》能在世界范围内赢得广大的消费群体,获得广泛共鸣的重要因素之一。同样,《音乐之声》《魂断蓝桥》也能在中国拥有它的广大消费市场。同时,任何一个在文明进程中不断超越自我的民族,都具备海纳百川的文化襟怀和消费需求。以人之长,补己之短,克服自身文化的褊狭,用别人有益的文化营养来滋养自己的文化身躯,既是许多民族走过的共同之路,也是文化商品克服不同文化背景障碍,实现自身价值的又一重要因素。其实,对不断进步发展中的民族和人群而言,能够在世界文化竞争中不断地提升自身的文明,这才是最大的也是最根本的利益所在。西方文化产品在日本的遭遇就足以说明。由于害怕外国势力的入侵,日本从 17 世纪起就拒绝与西方的商业往来。1854 年日本被迫答应美国的要求开始开放门户。此后,日本人便竭力吸收西方的文明和文化,在生活和文化的各个领域,掀起以西方为师的广泛改革。因为他们觉得,这是避免沦为当时西方列强殖民主义牺牲品的唯一出路。日本政府大力引进西方文化,包括科学、科技、文艺、社会制度、生活礼仪等,以促进本国的迅速现代化。在这样一种文化背景下,西方的音乐作品在日本获得了高度评价,被广泛介绍和鉴赏吸收。从 1882 年到 1884 年,日本音乐研究所合编了三册小学歌曲集,选录了大量西方声乐作品,如德国的《小汉申》、苏格兰歌曲《友谊地久天长》、爱尔兰民歌《夏天最后的玫瑰》等,日本所有小学都教唱这些课本收录的歌曲,使日本人从小就熟悉这些音乐的旋律、和声和节奏。到了 21 世纪,日本仍是热心提倡欧洲音乐——不管是古典音乐、现代音乐还是流行音乐的国家。这种开放的文化消费观与开放的经济发展观密不可分,又反过来促进这个东方民族的文化更新,促进它走向进一步工业化的进程。

在这方面,中国的唐朝是一个更典型的例子。历史不断证明,凡是主动地融入世界体系中去,自觉地克服民族文化的偏见,采纳、消化和吸收其他民族文化营养的民族,不仅没有在这个过程中被同化,而且还都能获得成长和发展的崭新动力。因此,文化产品能否获得作为文化商品的价值确认和全部合理性,即其潜在价值能否转化为交换价值,取决于它能否以独特的形式和内容,以独一无二的生命体验和生命感动方式,揭示人类发展的共通性,以及它对这种共通性和人类命运的关注。另一方面,也取决于它能否克服民族文化褊狭,实现对于本民族文化的超越。在这里,越是民族的就越是世界的,和越是世界的也就越是民族的,它们具有同样的价值和意义。

文化商品的社会运作是影响文化商品价值实现的又一重要机制。文化商品不同于一般商品的特点还体现在:文化商品生产主体并不仅仅是靠数字统计就可以把握消费者对文化商品的需求的,尽管这种数字统计对于文化商品生产的市场预测来说相当重要。比如,消费者到底是喜欢古典音乐还是对现代"重金属音乐"着迷,并不取决于他们物质生活的某种不足,更多的是取决于他们在社会、民族、地理和政治等多种背景下的心理需要。也就是说,文化商品能在较大程度上满足了这种精神消费、心理渴望和期待满足的需要,是文化商品价值实现的一个重要的心理学基础。只有把握住了这一点,许多看似不起眼的文化产品,才能转变为畅销的文化商品。因此,了解消费者的心理需求,唤起和激发消费者的消费欲望和消费行为,并且有效地组织文化商品生产,使之尽可能地实现低成本高产出,是使文化产品转化为文化商品,实现价值的重要营销手段。常常有这样的文化消费情况:消费主体原本并没有消费某种文化商品的要求和欲望,结果却去消费了。导致这一消费行为方式的产生,有的完全就是某种文化商品宣传与促销的结果,有的甚至是带有某种程度上的从众与集体无意识。能否激发集体的大众文化消费行为,并产生广泛的社会连锁反应,常常直接决定文化产品能否获得价值实现及实现的程度。文化商品满足人们精神消费的程度越高,它的市场价值的实现也就越大。有时候,甚至是一些读者面比较窄的学术著作,也会因某种宣传而产生广泛的社会效应,进而形成竞相争读的场面,陈寅恪的《柳如是别传》在 2000 年的再版所产生的轰动效应就是很好的例子。这对于充分体现和实现这样一部学术著作的文化价值无疑要比仅仅局限在学术圈内要大得多,并且对于营造社会文化生态的价值更是无法估量的。

6.1.2　文化商品的价格构成

文化商品的价格构成是一个系统。文化商品构成的复杂性决定了文化商品价格构成的复杂性。现阶段,关于文化商品的界定主要还是限定在精神文化商品领域。因此,我们关于文化商品价格构成、特征和分类的研究,也主要界定在精神文化商品领域这一范围内。

文化商品价格在质的规定性上是以价值为基础的,但是,作为社会商品系列中的一个特殊对象,文化商品的价格却又很难准确地反映出文化艺术产品的价值,也就是说,文化商品的价格又不以它们的价值为基础。著名经济学家于光远就认为:"科技成果同艺术创造一样,每一种这样的产品都是'唯一的'。第二件同样的产品即便不是剽窃,也失去它是创造物的资格和意义,创造性的精神产品有价格而无商品价值。"著名学者王锐生也持相同的观点:"智力产品例如技术成果在售出时,实际上也并不是单纯按照生产者宣布他耗费了多少个别劳动时间来确定成交价格。这个价格归根到底是由市场上交易双方议定的。因此,这种精神产品有价格而无价值(按照社会平均必要劳动时间确定的价值)。"这就是文化商品价格和价值构成中的二律背反。因为根据经济学的基本原理,文化商品的价值是凝结在文化产品中的一般劳动,它的价值量由生产文化商品所耗费的社会必要劳动时间决定的,因此,文化商品的价值同其他商品价值一样,也由 3 部分构成:第一,生产文化商品时所耗费的原材料价值形成文化商品中的不变部分;第二,文化商品生产的劳动者与服务人员的必要劳动创造的价值,这是维持劳动力再生产所必需的消费资料价值部分;第三,文化商品劳动者与服务人员在必要劳动之外创造的价值部分,这就是所谓价值构成的 C+V+M,即用以制定价格的一般经济学基础。由于文化生产本质上是精神生产,按其方式来看,在大多数情况下又是以个体性劳动为主要存在形式的,这样,全部问题的关键就是:如何确定生产文化商品所必需的社会必要劳动时间。而在文化商品价值的认定上,恰恰就是这"社会必要劳动时间"无法量化和确定。谁也不能明确创作一部学术著作、一部长篇小说或是一部交响曲,或是一部电影剧本的"社会必要劳动时间",因为任何属于非重复性的精神产品的生产(创作)不仅是某个人或少数人的能力的耗费,而且还凝结着他人或前人的劳动,所以无法找到其中的"社会必要劳动时间"。人们所能规定的,只能是一部长篇小说或是一部学术著作被创作出来之后进入物化生产的过程,如制版、印刷、装订所必需的"社会必要劳动时间",这才是社会普遍用以确定页码相同、印数相等、纸张标准一致的长篇小说或学术著作价格的基础,而不是反映它们本身实际的价值。同理,一部电影剧本也只有进入整个制片生产过程,它的"社会必要劳动时间"也才是可被确定的。因此,在一定生产方式下,人们能准确地知道生产某种精神产品的物化形态的劳动量,却无法准确地计算生产(创作)某种精神产品在原创过程中所消耗的劳动量,特别是在篇幅大致相同的作品中,劳动量和价值量并不像一般的商品生产那样成正比,甚至因内容的不同而可能出现所耗费的劳动与实现的价值量成反比的情况。因此,文化商品的价格和价值构成就出现了两种不同的形式:一种是在原创过程中形成并被确认的拥有"产权"的价格即"产权价格";一种是在物化过程中由社会必要劳动时间形成的"市场价格"。

所谓"产权价格"是现代社会发明和创造的一种用以约定判断文化商品价值标准的特殊货币表现形式。它是通过对作品的著作权,即对精神生产者原创成果的知识财产权的法律认定来实现的。根据这种财产的法律确认形式,著作权的所有者就可以据此去"知识产权市场"或"拍卖市场"标以一定的价格出售。这样著作权也就成为可供交换的产品。典型的事例:电影演员刘晓庆的《从明星到富姐》的手稿以108万元的价格在深圳文稿市场拍卖成交;作曲家谷建芬为电视连续剧《三国演义》作曲获取65万元的"稿费",其著作权归《三国演义》剧组所有。在这类交换过程中,精神产品的价值以一种大致约定的契约方式来确定,一个重要的标准是作品的艺术成就、学术深度、文化的发现性程度与它的著作权人的知名度。鉴于"原创"生产精神产品所耗费的劳动时间长(包括它的文化投资),且富有创造性(创造可以使产品价值增值),著作权法一般规定精神产品的创造者对作品的产权占有时间为作者死后50年内有效,并且可以不是一次性地出售。原创作品的价值以知识财产权的方法约定并以价格体现,这一产品知识形态也就获得了文化商品的意义,在一个特殊的文化市场——知识产权市场,或艺术品拍卖市场,以一种特殊的价格形式——产权价格,从而实现了自己的价值。企业向社会征集广告语、商标或企业识别标志的过程中,言明在向中标者支付约定的稿费之后,著作权归企业所有,实质上就是以一定的价格购买一定的价值——广告语、商标或企业识别标志创作者的知识财产权。

所谓"市场价格"是指原创产品经由物化后获得的商品形态(实物形态和非实物形态)所耗费社会必要劳动时间的货币表现。它是以价值规律为基础并通过价值规律的一般运动而实现的。确立知识财产权使得原创作品的价值和价格成为文化商品整个价格体系中独立的一部分。原创作品因著作权而使它的著作权人拥有财产权,但原创作品(除美术品外)一般并不与消费者直接发生关系。原创作品的价值在通过"产权"的价格转让后,作为文化商品的社会性仅具有有限的意义。经转让而获得知识产权者如果不把它投入生产,以实现交换价值,那么,"产权"对他来说就不是对象,他所拥有的财产权仅具有理论和法律的意义,而不具备现实性品格。因此,原创作品必须经由物化生产过程,使得经过这一过程的物化产品以规范的价值判断,即按照社会必要劳动时间确定的价值来进行社会的商品交换,并按照一定的价格来实现其价值。这样无论是文化商品的实物形态、非实物形态还是以活劳动形态存在的文化商品形式,其价值构成和价格表现就必然要包括精神生产过程中所耗费的社会个别劳动和在物化生产过程中所耗费的社会必要劳动。鉴于精神生产过程中所耗费的个别劳动时间难以用统一的合理标准去衡量,经过物化后的文化产品的价值判断就不以个别劳动量来决定,而是以社会必要劳动时间来决定。用以支付"稿费"或购买"产权价格"的那一部分支出,则作为"原材料"费用而成为文化商品价值构成中的不变部分。由此可见,文化商品在其价值的形成与社会实现过程中经历了两次价值判断与价格构成。以社会个别劳动时间为基础的"产权价格"是它的前价值判断;以社会必要劳动时间为基础的"市场价格"是它的后价值判断。两者之间既互相矛盾又互相依存,共同构成文化商品的价值与价格系统。正是文化商品价值和价格运动的这样一种现实性表现,才导致劳动时间与价值量、劳动的复杂程度与价值量等之间的深刻矛盾,才会出现在同类文化商品中由于品种的不同而使所耗费的劳动与实现的价值量成反比,以及在文化商品中复杂劳动与简单劳动在其价值量的决定和实现上背道而驰的情况,才出现了在文化商品领域中由于"马太效应"的作用而呈现出的人们的精神劳动所决定的价值量悬殊的现象。文化商品在价值形成与价格确定上所表现出的这种特殊性表明,文化商品生产既反映在市场经济条件下商品生产的一般规律,又具有十分鲜明的个性。从理论上弄清楚这个问题,对于在实践中制定合理的文化商品价格,具有非常重要的意义。

6.2 文化商品的价格和价格体系

在市场经济条件下,价格是一个十分关键且集多种功能于一身的因素,对整个经济的发展有着重要的作用。同样,文化商品的价格对于整个文化经济乃至文化事业的发展都有着十分重要的作用。

6.2.1 文化商品价格的特点

作为可供交换的文化精神产品和文化劳务,文化商品具有一般商品的属性,同时,作为一种特殊的商品,它又有自己的特点,并且以特殊的个别性通过价格形态而同其他商品相区别。

1) 文化商品的价格难以确切地反映价值

在文化商品的价值构成中,主体以精神劳动为特征的活劳动量的不确定性使得文化商品的价格难以确切地反映价值。如前所述,精神劳动的一大特点,就是具有明显的独创性和不可比性。在物质生产中,只要具备一定物质条件,任何经过训练的生产主体,都可以根据一定的标准生产出同样质量与同样数量的物质产品,并通过社会必要劳动时间对他们所创价值劳动进行认定。但在精神生产中,即使利用同样的物质条件,每个精神生产的主体也不能创作出同样的作品。例如,某位作家一年就写出了一部好作品,甚至是传世之作,而另一位则可能 5 年、10 年、20 年,乃至终身也无法创作出来。精神成果,生产尤其是高层次的精神产品,需要具备特殊的素质、特别的智慧和对世界特殊的把握才能生产出来。因此,对其价值的认定,就很难以耗费了多少活劳动量为标准,也难以用同类劳动去进行比较,无法计算出实际所耗费劳动能真正形成多大的价值,而只能作有限的估量。这种情况对有形、无形的文化商品来说都很突出。正是因为文化商品价值本身的这种模糊性,所以,难以做到价格确切地反映价值。

同时,文化商品价格的制定,往往不是唯一地以价值为依据,而是更多地综合考虑其他方面的因素,甚至某些文化商品价格的制定主要不是考虑价值因素。因此,价格与价值的背离,在文化商品中是一个非常普遍的现象。在文化商品市场上,有些艺术精品,由于其销售率不高,故价格就不能过高。相反,一些品位低的文化商品,由于受到某些人的青睐,价格却可以定得很高。又如,作曲家谱写一首歌曲只能得到几百元、几千元,最多几万元的稿酬,而歌手、歌星演唱一下,就可以得到几万元甚至几百万的报酬。形成这种现象的原因是产品的稀缺性。马克思在《资本论》中以物质商品为对象论及艺术品时曾指出:"必须牢牢记住,那些本身没有任何价值,即不是劳动产品的东西(如土地),或者至少不能由劳动再生产的东西(如古董、某些名家的艺术品等)的价格,可以由一系列非常偶然的情况来决定。"英国古典政治经济学家李嘉图在《政治经济学及赋税原理》一书中也发表了相近的言论。李嘉图说:"有些商品的价值仅仅是由它们的稀少性决定的。劳动不能增加它们的数量,所以它们的价值不能由于供应增加而减低。属于这一类的物品,有罕见的雕塑和图画,稀有的书籍和古钱等,它们的价值与原来生产时所必需的劳动量全然无关,而只随着希望得到它们的人们的不断变动的财富和嗜好而一起变动。"现代艺术品市场上形成的拍卖价格,就是由这种稀缺性而形成的结果。

文化商品价格的这一特点说明,我们不能单纯地只是从价格的高低来判断文化商品价值的大小和艺术水平的高低。

2)文化商品的价格具有明显层次性

文化商品的价格具有明显层次性这一特点是由文化商品的不同层次和消费者消费水平的层次性决定的。一般来说,价格水平比较低的文化商品属于大众层次的,价格水平比较高的文化商品是属于非大众层次的。前者如书刊、电影等,后者如古玩、字画、工艺品等。文化商品价格的层次性还与其供给者的不同层次有密切关系。一流的"明星"歌唱家与普通的歌手,即使是演唱同样的歌曲,其票价也可以相差几倍甚至十几倍、几百倍、上千倍,比如王菲、李健和其他不知名演员分别演唱《传奇》。同样是KTV,豪华型的KTV其票价也往往高于低档KTV的十几甚至几十倍。又如,同一部电影《阿凡达》,在不同等级的电影院里放映,其票价也可以相差很大。

3)一次性价格与多次性价格同时并存

一次性价格与多次性价格同时并存的情况是由文化商品构成形态的丰富多样性与所运作的不同市场领域决定的。在文化商品诸多的构成形态中,以非实物形态存在的文化商品,如音乐、歌舞、戏剧等的演出,生产和消费是密不可分的同一过程,中间不存在其他任何环节,它们生产的开始和结束,也就是消费的开始和结束。即以生产与消费同步为显著特征的,演出过程的开始就是文化消费过程的开始,演出活动的结束也是消费过程的结束。物质商品的生产和消费行为在时间上是可以相互分离的,是可以运输和贮藏。而这类文化商品则不然,它们在生产和消费之间不存在异地出售问题。因此,这类文化商品的价格并不像一般物质商品那样有出厂价、批发价、零售价等多种价格形式,它的价格就只表现为一次性的。

同时,在诸多的文化商品构成形态中,还存在另一种所有权与使用权分离、使用权可以多次以不同价格出售的文化商品。这类文化商品与其他物质产品不同，它的所有权与使用权是可以分离的，这些商品的出售只是让渡其使用权，而所有权仍归该产品生产者（制作、创作者）所有。由于所有权不变，因此产品所有者就可以将一件产品多次、同时出售给不同的购买者（签订独家占有合同者除外），比如某部电视剧的播映权。对于出售者来说，由于在一部作品的播映权出售给一个购买者之后，不需要重新投入生产要素进行重复生产，即不用重拍，就可以将同一部电视剧的播映权再次出售给其他购买者，而再次出售的价格可能与第一次出售的价格不一样。那么，这件文化商品的价格就呈现出多次性。《西游记》《红楼梦》《甄嬛传》在多家电视台都播出，价格明显呈现多次性的。这种多次性特性在图书贸易和影视作品贸易中表现得比较明显，而与非实物形态文化商品的一次性价格共同构成文化商品的特点之一。

4) 文化商品价格的延滞性

文化商品的生产在本质上是价值观念的生产，是生产主体对人与世界关系从艺术与哲学角度文化思考结果的反映。人们消费文化商品是为了借助于这些物质载体得以表现的各种观念、体验和感情，从而与在这些观念形态中的价值系统进行对话，而绝不是为了直接消费纸张、磁带和拷贝。因此，在一定的社会历史条件下，人们的欣赏趣味、审美倾向、价值观念、道德标准和哲学选择如何，都会对文化商品价值的认识与把握产生影响，并且在对文化商品价格的制定上体现出来。有些文化商品生产出来之后，没有在市场上马上找到合理的价格，有的要等到几十年，乃至几百年以后才能被人们所认识进而有了恰当的价格定位，其重要的原因就是人们对该文化商品价值认识的历史滞延性。文化商品的这个特点与文化商品消费的特点有关，一般商品进入市场，如果不能在市场上找到合理的价格，那么，随着新一代产品的问世或替代品的出现，它的价格就会逐渐下降，直到完全消失。由于当时人们的时代风尚、欣赏趣味、意识形态等原因，某些文化商品的有用性当时未被人们认识，它却不会像一般商品那样逐渐丧失价值，其自身价值会以一种潜在的形式在适当的时候重现。由于文化商品的消费过程具有长期性与永久性，一些文化商品，尤其是一些文化精品，甚至具有永恒的魅力，有的还会随着历史的推移而增值，这就让那些文化商品自身的潜价值又因历史因素而得以价格的真正实现。例如，世界著名画家梵·高的画，在他生前一幅也未能售出，而在他逝世100年后，却成为世界公认的绘画精品，价值连城。他的油画《鸢尾花》,又名《蝴蝶花》,1987年在美国纽约索斯比拍卖行以5 390万美元的成交额创下世界名画拍卖最高纪录。1990年5月,同样是梵·高《加歇医生自身像》,在纽约克里斯蒂拍卖行以8 250万美元拍出,又创下了名画拍卖史上的最高纪录。

6.2.2 文化商品的价格种类

文化商品的价格种类,可以从不同的角度来划分。

1)按管理体制划分的价格种类

在文化市场中,国家对价格的管理分别实行了统一价格、浮动价格和自由价格3种基本形式。

①统一价格,也称国家统一定价,是由县级以上(含县级)的各级物价管理部门和文化主管部门依照国家规定的权限范围制定的价格。这种价格具有强制性,任何生产经营部门不得随意变动改变,如部分旅游景点的门票价格以及部分图书价格。

国家定价具有其他价格形式所不具备的优点。首先,对一些商品实行国家定价有利于文化教育事业的普及和发展,对中小学教材、科普读物实行限制低价就属于这种情况。如出版社所定的图书定价,在全国范围内,零售价是同样的。国家按图书的印张、种类、内容,统一规定不同的价格标准。例如,我国曾在20世纪80年代后期规定:社会科学和文学艺术类书籍,每印张0.075~0.16元;自然科学和生产技术书籍,每印张0.08~0.23元。这种定价标准全国统一,因此图书定价没有地区差价。其次,对于普及文化和繁荣人民精神生活起到重要作用。这种价格形式是计划经济体制文化商品价格的主要特点,国家对于某些寓教于乐的文化商品实行限制性低价,使广大人民群众都能消费健康的文化商品。如某些公益性文化商品票价由物价部门统一规定的,在我国对农村地区的电影放映实行低片租价格,这也对丰富农民精神文化生活起到了重要作用。

国家定价的缺点主要是价格形式缺少灵活性,难以适应各地区经济社会发展变化的需要。由于我国经济发展十分不平衡,部分地区已相当富裕,部分地区还很贫穷,在经济发展过程中,各地区的贫富差别还在不断地发生变化。根据新中国成立60多年来的经验,国家定价虽然并非一成不变,但总也跟不上形势的发展,如1949年定的0.25元的城市电影票基准票价,直到1990年才有变动。

随着文化市场经济体制的建立,这类统一价格的范围将会逐步缩小,但很难完全取消。

②浮动价格,也称国家指导价,是指由县级以上(含县级)的各级物价管理部门和文化主管部门依照国家有关政策,规定价格的基本水平、价格的上下波动幅度,即最高限度和最低限度,文化生产经营单位在这个限度内可以自主地决定价格。例如,现在某些电影票价和文艺演出票价就实行浮动价格。根据物价管理部门的规定,电影主管部门可以对某些新上映的优秀影片的票价在基本票价的基础上向上浮动一定的幅度,以体现文化商品优质优价原则与市场供求因素,从而起到按质论价,起到鼓励艺术创新与调节供求矛盾的作用。实行浮动价格的另一种情况是:物价管理部门与文化主管部门根据不同文化娱乐场所提供的服务水平和内部设施的不同等级,分别规定最高限价,具体的价格则在最高价格以内浮动,音乐茶座、舞厅的票价就属于这种情况。

国家指导价是由国家和文化生产经营单位共同决定的价格,是一种比较灵活的计划价格,有中准浮动价、最高限价和最低限价3种形式。最高限价可被视为是对消费者的保护价格,让消费者能够避免由于价格过高而带来的经济损失。最低限价是只准向上浮动,并规定上浮幅度,可以视为对生产者的保护价格,即保障在正常条件下生产者通过价格可以补偿生产中所消耗的物化劳动和活劳动,并可获得合理的利润。中准价是以某一基本价格为轴心,可以在一定的范围内上下浮动,兼顾了生产者、经营者和消费者三方的利益。

国家指导价格的最大特点是统一性与灵活性相结合,社会目标与生产经营目标相结合。它既能体现国家的计划性,又具有较大的灵活性。文化生产经营单位可以在规定的范围内,根据市场需求的变化调整价格,较好地实现文化生产单位的经营目标。

国家指导价格的缺点是:不能完全照顾到文化消费的各个层面。文化商品的差价关系比一般商品要大得多,同类文化商品或服务之间由于地区、时间、产品质量、市场环境等原因,价格相差很大,而指导价又不可能把价格浮动范围规定得过于宽泛。因此,这种价格形式也不能很好地适应各个不同收入层次的人对文化产品的需要。

③自由价格,也称市场调节价,是指国家对价格不进行直接干预,而由文化商品生产经营者根据市场情况自主决定的价格。目前,大部分文化产品和文化服务实行这种价格形式,如文化娱乐业的价格、字画与文物价格、大部分图书价格、音像制品价格等。

自由价格包括两种形式：一是普通市场自由价格，这是指完全根据市场供求关系的变化来确定的文化产品与文化服务的价格。例如文化娱乐服务价格、美术品和文物价格、音像制品价格以及印数在 5 000 册以下的图书价格等。二是拍卖价格，这是指通过拍卖市场喊价而决定的文化产品的价格，其对象主要是名人字画、手稿、文稿、古玩、文物、版权等特殊文化商品。

一般而言，自由价格由于可以使价格对文化商品的质量、供求关系、市场消费能力等因素作出灵敏的反应，因此对于调节供求平衡起到直接的作用，便于拉开价格档次，有利于促进文化市场竞争，有利于推陈出新，起到了增加文化商品品种、活跃繁荣文化市场、丰富人们精神文化生活的作用。因此，自由价格适合文化商品种类繁多、质量悬殊的特点。

自由价格也有其自身的缺点。首先，自由价格容易导致市场营销的偏斜。在自由价格的引导下，容易出现不顾社会效益只讲经济效益的"一切向钱看"的偏向。近年来，一些低级、淫秽、庸俗的出版物充斥市场，自由价格的自发性是一个重要原因。这就破坏了文化市场原有的为社会提供健康有益的精神食粮、引导人们积极向上的功能。其次，自由价格容易成为不法之徒牟取暴利的工具。例如，一部满足人们猎奇心理的《金瓶梅》曾经在书摊上可以卖至数百元，一些非法出版物一时成为抢手货，也为不法之徒牟取暴利打开了方便之门。

按照管理权限划分的 3 种价格形式各有其长短，只有在文化市场经营实践中把上述 3 种价格形式正确地结合起来，对不同的文化产品采取不同的价格形式，才能形成一个良性的价格整体。

2）按生产流通过程划分的价格种类

在文化商品的运动过程中，有些文化产品不像一般消费品那样，从工厂里生产出来就具备了直接消费的形式，这些文化产品要和流通结合起来才能形成人们现实的消费，如影片的发行只有与放映结合起来才能满足人们的消费需要，图书通常经过二次发行才能到读者的手中，文艺表演必须和剧场服务相结合人们才能观看演出；还有些文化产品仅存在于流通领域中，如一些自娱性文化产品（比如 KTV）。因此，文化产品生产流通过程中价格形式的划分难以像一般消费品那样统一地规定为出厂价、批发价、零售价，而要进行特殊的划分。归纳起来，主要有以下 3 种形式：

（1）原始价格

原始价格是文化商品的生产领域价格,是指文化商品从生产领域进入流通领域的最初价格,如电影的拷贝价格(版权费+拷贝费),字画和文物的收购价格,书刊出版社所获得的实洋(按总码洋的一定百分比打折)价格,音像制品的版权价格等。文化商品的原始价格是制定中间价格和最终价格的基础,直接反映了文化生产者与经营者之间、生产领域与流通领域之间的经济利益关系。

（2）中间价格

中间价格是指某些文化商品在流通环节中形成的价格。这种价格形式仅在电影、书刊、音像等文化商品的流通中存在。如电影发行的发行收入(从票款收入中按一定百分比提取),图书中的二次发行(在一次发行价格基础上增加一定的百分比)价格,音像制品的批发价格等。文化商品的中间价格直接反映了中间经营部门与零售部门之间的经济利益关系。合理制定文化商品的中间价格,对于处理好文化商品流通领域内部的关系,特别是调动零售部门的积极性,搞好文化市场的供应,具有重要意义。从我国在文化商品领域长期实行的中间价格的实际效果来看,由于产销不见面,中间加价截流利润过大,因此给文化生产部门的经济利益造成很大损失,直接影响了文化生产部门的扩大再生产能力。这种情况在我国电影业的发展中表现得特别突出,从而促使了国家广电部于1994年下半年做出了关于改革电影发行体制的决定,为实现影片发行的合理定价创造了条件。

（3）最终价格

最终价格是指文化商品零售部门直接向消费者提供的文化商品或文化服务的价格。它包括文化商品的零售价、租价,如图书单价,音像制品、字画、文物的零售价,也包括文化娱乐服务价格、电影票价格、艺术表演的门票价格等。文化商品的最终价格是落实到消费者手中的最后价格,直接体现文化商品供给者与文化消费者之间的经济利益关系。由于文化商品的最终价格直接关系人们文化生活的数量与质量,因此,要制定合理的文化商品的最终价格,坚持文化经济功能与社会功能的统一,正确处理好各种经济利益关系,让人们的精神文化生活水平逐步改善和提高。

6.2.3　文化商品价格体系的形态和实质

从横向和纵向两个方面来考察文化商品价格体系的运动形态。从横向看,文化商品价格体系表现为不同文化商品的比价关系,即不同文化商品之间的横向价格关系;从纵向看,文化商品价格体系表现为同类文化商品的差价关系,即同类文化商品之间的纵向价格关系。比价体系和差价体系共同构成文化商品价格体系的基本内容。

1)文化商品的比价关系

文化商品的比价关系是指文化商品和文化服务在交换过程中逐步形成的价格比例关系。文化商品的比价关系是文化价格体系的重要内容,是文化产业价格体系中最主要的表现形态。合理的比价关系的建立是市场经济规律的客观要求,也是活跃繁荣文化市场的保障。文化商品的比价关系既包括文化商品之间的比价,也包括文化商品与一般商品之间的比价,十分复杂。概括起来,最重要的有以下几种比价关系:

(1)文化商品与一般生活消费品的比价

这是精神文化生活消费品与物质生活消费品之间价格的比例关系。文化商品作为在市场上进行交换的商品,客观上就要求对生产过程中付出的劳动给予补偿,因此,这一比价关系直接反映了文化生产经营者与一般商品生产经营者之间的经济关系。这一比价关系的合理确定是搞好文化经营的重要条件。

(2)精神内容商品与物质载体的比价

这是指文化商品生产过程中精神生产劳动收入与物质生产劳动收入的比价关系。它是文化商品的一种特殊比价关系。如图书价格是由作者的稿酬、出版费、印刷费、发行费等构成的;文艺演出价格是由编导费、演出费、剧场地等构成的。其中,稿酬与出版费、编导与演出费属于精神内容生产的支出,其余是物质载体生产的支出。它们之间的比价关系,反映了文化商品生产经营过程中人与人之间的利益关系,直接影响文化商品的生产与经营效率。因此,正确制定这一比价关系是搞好文化经营的关键。

(3)一般文化消费品与高档文化消费品的比价

对于普通文化消费品一般应实行平价或限制性低价,以满足人们对文化生活的基本需求。对于高档文化消费品,如名家字画、文物、高档工艺品等,应提高价格,以满足社会高消费阶层对于精神文化商品的需求。

正确、合理地安排好文化商品的比价关系,对合理配置和利用各种文化资源和文化生产力有利,对整个文化产业部门的协调发展有利,对促进文化生产力的提高和文化经济的繁荣有利。

2）文化商品的差价关系

文化商品的差价是指同类文化商品在流通过程中因各种因素形成的一系列差别关系。它是文化经济各产业部门间形成的文化商品价格体系的继续与实现。

（1）文化商品的品质差价

它是指同类文化商品由于品质不同而形成的价格差别。品质差价是文化经营中最广泛的一种差价关系，如电影影片品质差价、娱乐服务品质差价、演员知名度差价、场地设备等级差价、影剧院坐席差价、娱乐服务规格差价等。品质差价是文化市场中最广泛的一种商品差价关系。实行按质论价、优质优价是价值规律的客观要求，同时也是加强文化市场竞争，提高文化商品品质的原动力。

（2）文化商品的地区差价

它是指同类文化商品因消费地区不同而产生的价格差别。我国各地区经济发展不平衡，各地区人对文化消费的经济和心理的承受能力也存在很大的差别，从而形成了同类商品的价格差别。如文艺演出票价，同一内容和形式的演出，文化中心城市和乡村偏远地区就会有较大的差异，制定地区差价要以本地区的实际情况为出发点，综合考虑。

（3）文化商品的季节、时间差价

它是指某些文化商品由于消费需求在季节、时间上的不同而形成的价格差别。例如，文化旅游有淡季与旺季之分，文化娱乐、电影市场、电视市场有普通时间和黄金时间的区别。因此，在不同的季节、不同的时间里，就要规定不同的价格。它有利于文化经营部门吸引文化商品消费者，实现文化商品的供需平衡。

（4）文化商品的数量差价

数量差价即数量折扣，它是指根据消费者购买某种文化商品的数量或金额给予一定的折扣优待。例如，图书定价折扣、团体票优惠等。生产批量越大，生产成本就越低，因此，消费者购买的数量或金额越大，价格优待的折扣也就会大一些。这样做主要是为了鼓励消费者大量购买，从而扩大文化商品的销路，折扣的损失也可以从扩大销量中找补回来。文化市场现在基本是买方市场，应该更多地使用数量差价以吸引消费者。

（5）文化商品的购销差价

这主要是指字画、文物收购价格与销售价格之间的差额。字画、文物商品经营部门等商业经营部门在组织收购及销售活动中,要支付一定的经营费用并获取利润,因而形成了文化商品购销差价。规定购销差价,要处理好文化商品生产和经销的关系,既要对文化生产的发展有利,也要调动文化经销部门的积极性。

（6）文化商品的批零差价

它是指图书、音像批发价格与零售价格之间的差额。零售部门从批发单位进货到销售给用户的过程中,需要支付一定的经营费用并获取适当的利润,因而形成了批零差价。合理制定批零差价,有利于调动批零两个方面的积极性,使他们大力组织文化商品的生产与供应,更好地满足人们精神文化生活的需求。

（7）文化商品的经营环境差价

它是指由于文化商品经营场所所处地理位置不同而发生的价格差别。例如,两个设施相同的文化经营场所,一个位于繁华街区,而另一个处于偏僻地段,在繁华地段的经营价格肯定相对高些,而地点偏僻的价格就要低些,从而形成差价关系。

（8）文化商品的销售轮次差价

它是指某些文化商品由于销售先后时间上的差别而形成的差价,如电影放映中的头轮影院、二轮影院。在新片放映中,二轮影院要等到头轮影院放映结束之后才能开始放映,在吸引消费者方面明显不利,价格也就要相对低些,形成差价关系。

文化商品价格体系中的比价关系和差价关系,反映生产各类文化商品所花费的社会必要劳动时间的比例关系,也反映了各文化产业之间和文化经济生活中各方面的经济利益关系。从理论上看,文化商品价格无论是否合理,都不会增减国民总收入,而只会引起国民收入在不同文化产业部门之间、地区之间、国家与集体之间的重新分配。但是,它却会对整个文化经济体系产生重要的影响。在过去的很长一段时间,我国文化产业结构体系一直不合理,总量增长太少,给文化经济的发展与人们文化生活质量的提高都带来了不利的影响,其中一个很重要的原因,就是没能正确、合理地安排好各文化产业部门商品价格之间的比例关系。由于文化基础产业部门的商品价格太低,损害了其利益,使整个文化经济的产业发展严重滞后于整体国民经济发展水平,因此,要从整个国民经济协调发展的需要与大力促进我国第三产业发展的战略高度出发,充分考虑各文化产业部门经济利益的合理分配和文化产业结构的合理调整基础上,正确、合理地制定文化商品价格体系,进而最大限度地调动各文化产业的积极性,发展文化生产力,实现我国文化事业的高度繁荣和可持续发展。

6.2.4　文化商品价格体系和文化商品结构体系

各文化产业部门之间的经济联系在市场经济条件下是通过文化商品和货币关系来表现的,价格是沟通这种经济联系的主要桥梁之一。作为统一的有机整体,文化商品中的任何一个商品及其价格,都不单纯地表示为一定数量的货币与商品间的关系而孤立地存在,而是互相联系与制约,并通过价格形式纵横交叉的联系来反映文化经济体系各行业、各部门间的经济结构关系。这种反映文化经济各领域中存在的各种价格既相互联系又相互制约所形成的有机整体,才是完整的文化商品的价格体系。

各种文化商品价格之间的有机联系,作为文化经济运行的一种特殊的形式,它由文化经济体系内部有机联系所决定。根据现代社会的分工,不同的文化行业按照某种标准被划分为不同的文化产业部门,它们共处于文化经济体系的整体之中,各自按一定的组织形式进行文化商品生产。任何一个文化部门的生产在现代市场经济条件下都不可能是在一个封闭的系统中,以自我的能力完成和实现它的再生产,而是必然地要与相邻文化产业部门发生文化技术和商品交换的联系。

因此,每一个文化部门都要考虑与自己有关的文化供给与需求能力,从而使各文化产业部门相互影响、相互依存,也让性质完全不同的文化产业部门之间相互联系起来,并且以各自的产品及产品价格共同组成文化商品的结构体系和运动形态。这能够从文化商品的生产过程、流通过程和消费过程3个方面来进行考察。

在文化商品生产过程中,当一种文化商品是另一种文化商品生产的投入要素时,这种文化商品的价格就成为了另一种文化商品生产成本的一部分。那么,投入要素的商品价格产生变化,必然引起制成品成本产生变化,从而影响制成品的价格产生变化。如果这种制成品又成为另一种文化商品的生产投入要素,那么,这些文化商品价格就会因此产生直接或间接的联系。例如,某制片人从作家手中购得某部小说的改编权,然后,又将改编成的电视剧本投入到电视剧拍摄制作。在此过程中,作家作为精神生产力要素直接参与了作品的创作,作家因此而付出的劳动力价格与作品改编权价格(使用权价格)存在直接联系,改编后的作品成为电视剧的生产要素投入摄制,改编后的作品价格与作为商品的电视剧价格(在播映权转让中反映)发生直接联系,而作家的劳动力价格与电视剧价格通过改编权转让价格也产生了间接联系,各以对方的价格为自己的生产成本,从而让文学艺术创作与电视制作业产生了价格结构与商品结构的关联。文化生产过程中的不同文化商品价格相互衔接的链条随着文化产业分工的发展越来越长,范围也越来越广泛,区别只是联系的紧密程度不同而已。

在文化市场的流通过程中,不同的文化商品有不同的流通环节。同种商品在不同的流通环节价格虽然不同,但上一环节的价格总成为下一环节价格的基础。例如,影片的生产价格再加上发行渠道的流通费用及盈利后,就构成影片的发行价格。因此,影片生产价格的任何变动,通常会对影片的发行价格产生影响。文化商品在每一流通环节的进销关系,使同一文化商品在不同流通环节上的价格相互联系形成价格链。这种价格链结构状况的合理程度如何,将会给同一价格链上的文化商品形式与内容的质量结构带来影响。

在文化消费过程中,文化商品的相关性决定了相关商品价格之间的联系。如果相关文化商品是互补商品,那么,一种商品的价格下降必然导致其互补品需求的上升。例如,高清电视机降价必然会对高清片源的需求增加从而使高清片源的价格上涨。如果相关文化商品是替代品,那么,一种文化商品价格的上升就可能引起其替代品价格的上升。如普通唱片与激光唱片,提高激光唱片价格其需求量会相应减少,作为替代品的普通唱片在价格不变的情况下其需求会迅速增加,而后引起普通唱片价格上涨,而导致文化商品结构的重组。

从以上生产、流通、消费 3 个方面的考察可以看出,文化商品的价格在文化经济的不同领域都是相互联系的。不同文化领域的文化商品价格在文化再生产过程的统一中相互联结在了一起,构成完整的系统。在文化生产领域作为投入要素的商品价格,直接或间接地影响了流通领域与消费领域的价格。消费结构的变化引起的价格变动,又反馈到流通领域中,并且影响了文化生产领域中作为投入要素的商品价格。文化商品价格之间的这种广泛联系与制约,使各文化商品价格之间形成了一个有机整体,给文化商品结构的运动走向带来直接的影响。这种影响在我国当前文化市场对文化商品价格的反应来看,由于高层次文化商品的价格(如作曲家作曲的劳动价格)相对较低,而低层次文化商品的价格相对较高(如流行歌星演唱),因此形成了不正常的状况。一些属于文化积累性基础工程建设的"长线"越来越长,一些见效快的文化商品生产的"短线"则在经济杠杆的作用下越来越短,而后者在本质上并没有给社会整体的文化积累增加些什么,他们从中获得的利润、效益,只不过是从生产价格较低的文化产业部门转移过来的收入。这是目前我国文化商品价格体系不合理所产生的一种分配效应,而这种分配效应直接影响了文化产业经济体系的变化,影响了文化商品结构的变化,进而又影响了社会的有效供给结构的变化,在这种变化的反作用力推动下影响整个文化经济的协调发展。从文化经济学的角度来说,在20世纪90年代初关于"高雅"与"通俗"的文化市场之争正是这种影响的具体体现。不合理的文化商品价格体系导致的分配效应具有累积性,即价格越不合理,转移性收入即分配效应越高,而分配效应越高,则又进一步促使文化商品价格更加不合理,这样文化产业的商品结构体系也更加不合理,形成恶性循环。要使文化产业商品结构体系的合理化,就必须使文化商品价格结构体系合理化,要大力发展文化基础产业,合理配置文化资源与文化生产力,解决好文化产业的宏观经济效益与微观经济效益的矛盾,达到文化市场结构与供求关系的基本均衡,进而实现文化商品价格结构与文化商品结构的同步运动。

6.3 文化商品价格的制定

文化商品价格的制定是文化商品价值实现的重要手段和途径。价格以价值为基础,价值是决定价格的最重要的因素,但价格不是由价值唯一决定的。除了价值因素以外,其他的因素也不同程度地影响价格。

6.3.1 影响文化商品价格变动的因素

文化商品价格体系尽管作为一种特殊的市场经济的存在,但它也同其他商品一样,是在不断地运动变化中的。文化商品价格的运动,看似偶然,其实是在诸多内外因素的作用下文化经济运动变化的必然结果。

1)文化商品价值的变化是文化商品价格体系变动的根本原因

如前所述,我们已经了解价值是价格形成的基础,价格是价值的货币表现形态。商品运动的一般规律是按生产商品所耗费的社会必要劳动时间所确定的价值量来决定其价格并实行交换。因此,文化商品价值的任何变化都必然会导致文化商品价格水平的变化。一般而言,文化商品的价格在其他条件不变的情况下随文化商品价值的波动而波动。由于时间、程度和方向的不同,各类文化商品价值的变化会使相互间原有价值的比例关系产生变化,进而导致原有价格比例关系也产生相应的变化。文化商品价值的变化与文化劳动生产率的变化成反比,即文化劳动生产率越低,则意味着生产一定量的文化商品所耗费的社会必要劳动时间越多,其价值量也就越大,反之亦然。各类文化商品价值量的不同变动引发的价格体系中各类文化商品价格相应的不同变动,直接取决于生产各类文化商品的劳动生产率的不同变动。

2) 文化商品供求结构的变化是影响文化商品价格体系变动的重要因素

文化商品供求结构是文化产业之间的本质内容和明显表现。作为一定时期文化总产出构成的文化供给结构是文化产业结构运动的结果,是各文化产业部门已经生产并提供给文化市场的各种商品及劳务数量的比例关系。文化供给结构,作为下一个文化生产周期的生长点,在物质的和精神的积累两个方面制约着文化产业结构的发展水平。即一定的文化产业,如音像制品业,只有当社会的技能和智力创造发展到当代才有可能出现。由于价值规律的作用,文化商品价格体系诱导着文化产业结构的发展走向,即在利润目标的驱使下,文化产业结构总是朝着能最大限度地创造与获取利润的方向调整。

20世纪80—90年代我国文化娱乐业和音像制品业的迅速崛起就是非常典型的例子。通常,社会的文化需求结构要受一定条件下文化产业结构与产业间需求关系的制约,但文化需求又是以人的主体的消费需要为主要发展目标。因此,文化需求结构的形成一方面取决于一定时期特定的文化产业结构及其商品的价格体系;另一方面在很大程度上主动牵引着文化产业结构及其商品价格体系的变动方向。供求关系的基本理论表明,在文化需求结构既定的条件下,如果价格结构发生变动,需求结构就会呈现与价格结构变动的反方向变动,而供给结构则会呈现与价格结构变动的同方向变动,即产业部门的产品价格上升,供给就会增加。假设其他条件不变,当A产业部门的产品价格上升,供给增加,在利润导向的作用下,其他文化产业部门的资金流向也会转移到A产业部门来进行生产,则其他产业文化产品供给减少,导致文化供给结构的变化。当A产业部门的产品价格降低,利润减少,资金又会朝着能获得利润的产业部门流动,A产品供给减少,其他文化商品供给增加,从而导致文化供给结构的变化。相反,A商品价格的上涨会使需求减少,价格的降低会使需求增加,从而引起文化需求结构的变化。这是一个循环往复的运动过程。因此,各文化商品价值决定其价格体系,价格体系决定供求结构,供求结构又反作用于价格体系,价格体系再反过来影响供求结构。正因为有文化商品价格结构不断调节着文化供求结构由不相适应到适应,才有文化供求结构对文化价格体系运动的深刻影响。

3) 国家文化经济政策的影响

文化商品价格体系的运动除了要以价值为基础,以供求关系的变化为转移外,还必然受到它所处的那个社会统治阶级奉行的文化经济政策的影响。文化商品作为一种特殊的商品,它除了具有一般商品的经济功能之外,还具有深刻地引导与影响人们思想道德规范、社会行为准则与审美文化观念的潜在力量,具备帮助和启迪人们认识世界与改造世界的作用。因此,文化商品不仅要受经济规律的制约,而且还因其所传达的特殊社会意识形态而受一定时期占统治地位的统治思想的制约。这种制约具体表现在国家通过文化经济政策引导和干预文化发展走向以体现国家管理意志。虽然不同国家在不同时期其文化经济政策的内容及重点不同,但目标都是为了文化经济的增长与文化资源的合理配置,满足大众对文化商品和文化劳务的需求,保护本民族文化的生存与发展,从根本上维护国家与民族利益。因此,国家运用文化经济政策影响和调控文化商品价格体系,不仅符合规律而且符合文化经济政策本身的目的。文化经济政策对文化商品价格的影响,在我国主要是通过直接干预和间接影响两种方式来进行的。国家直接干预价格,是指政府直接参与文化商品价格的制定与调整,根据特定目标,通过计划、行政等手段,有意识地让某些文化商品价格与价值背离,并运用相关经济措施使社会总供求达到均衡。例如,我国对中小学教材和科普读物等实行的指令性低价就是为了保障教育、科学的普及与国家、民族整体文明程度的提高。同时,对于生产这类文化商品的出版单位,在自行消化的基础上仍发生亏损的,国家给予一定的政策性价格补贴。国家间接影响价格,是指政府不直接参与文化商品价格的制定与调整,而是以具体的文化经济环境、市场供求关系、特定的目标为依据,利用制定不同的文化产业政策、文化投资政策、金融信贷政策等措施,扶植某些文化产业部门或限制某些文化产业部门,使各文化产业之间的经济关系发生预期的转化,引导消费,进而达到干预商品价格的目的,并实现文化商品结构的合理调整和价格体系的有序变动。例如,我国在1994年利用国家文化经济政策来限制港台歌星在内地举行的商业性演出和扶植大陆母体高雅艺术,起到了比较好的效果。

6.3.2 文化商品价格制定的依据

我国曾长期处于传统的高度集中的计划经济体制,并且受到对文化商品的意识形态性指认的影响,文化商品的价格主要由国家行政部门制定,价格水平很低,有些只是象征性的收费。这样的价格运作机制,虽然对于迅速在人民群众间普及文化曾发挥过积极作用,但随着我国经济体制的转变和文化市场经济的逐步建立,计划经济模式下文化商品价格运作机制就暴露出它的不适应性。文化商品的价格与成本相脱离,价格就不能反映市场供求关系。不按质论价等问题,就使价格在对文化市场资源配置中的应有作用没有得到充分发挥,甚至成为严重影响和阻碍文化产业发展的重要因素。所以,建立和培育文化市场,要把文化产业纳入市场经济轨道,必须改革文化商品价格不合理的状况和价格管理体制,确定符合市场经济要求的定价原则,充分发挥价格在资源配置中的作用,进而使整个文化经济活动遵循价值规律的要求,适应供求关系的变化。因此,在制定文化商品的价格时,从不同的目标出发,制定价格就有以下几个方面的依据:

1)成本依据

价格制定应以成本为基本、主要的依据。通过前述,我们已经很明确,价格能否反映价值对于文化商品的供给和需求都有着十分重要的意义。

价格正确反映价值为保证文化商品供给的必要条件。价格构成与商品价值构成的 3 个部分对应,也是由 3 个组成部分形成的,即物化劳动耗费、活劳动耗费和盈利(利润和税金)。因此,文化生产成本其经济实质是文化商品生产过程中所耗费的物质资料转移价值与劳动力价值的独立的货币表现。对于任何一个在正常的生产条件下的文化生产部门来说,应该在出售文化商品后收回这两部分支出,以作为继续再生产的成本,否则,没有足够的资金去购买文化再生产所需的物质资料和活劳动,文化商品的再生产就会产生困难。如果价格不足以抵偿生产成本,正常的商品生产就难以为继。毫无疑问,这样的价格是肯定不利于文化商品生产的。例如,图书的价格低于为生产出版图书所耗费的成本,出版社就会出现亏损。如果出版社没有其他资金来源给予补偿,出版业务就难以为继了。因此,文化商品的价格必须能反映价值和成本,并以此作为制定价格的最低经济界限,这是文化商品生产的基本要求。然而,我国在过去很长一段时间内对此极为忽视,从而造成了文化商品价格与成本相脱离的不合理状况,这种状况普遍地存在于各种文化商品中,尤以图书价格和电影票价表现得最为突出。这一状况随着改革的深入、文化市场的逐步建立得到了逐步改善,但以成本为制定价格的主要依据,仍是价格改革的目标和价格制定的原则。

相反,若是价格大大高于价值,看起来似乎是对生产者有利,但过高的价格会使消费者减少需求量,这也会让一部分文化商品的价值因无法实现而影响其生产。但是,如前所述,文化商品价值量是难以准确确定的,所以,这一依据除了实物形态的文化商品其物化劳动部分的价值量外,其他部分的价值量,只能作大概估计。同时,价格符合价值也是保护消费者利益的重要方面。

需要注意的是,文化生产成本与一般商品的生产成本一样,也存在个别成本和社会成本两种基本形态。个别成本是个别文化生产单位生产文化商品所耗费的实际费用;社会成本是产业内部不同生产单位生产同一文化商品的平均成本。以成本为价格制定的依据,是按照社会成本为制定价格的依据,而不是按照个别成本为依据。鉴于文化商品价值构成的特殊性,在文化商品价值量还很难准确计算出来的情况下,成本作为价值主要部分的货币表现是可以作为一种尺度比较准确地计算出来的,这能使价格比较接近价值。然而,就一般经济学意义而言,是商品的社会价值(审美的、文化的、精神的)而非个别价值决定文化商品价格的标准。尽管生产同一类文化商品的个别成本是不同的,就某一商品具体的物化劳动消耗来说,消耗多的未必能获取较高的价格,而消耗少的未必不能获取较高的价格,这是文化商品生产的精神特殊性问题,有个智力投资问题,从某种程度上说,文化商品生产成本是历史与文化的概念。但在市场上,最后为买卖双方认同和接受的,一般都是以文化产业内各生产单位平均水平的社会成本所确定的价格,如影视制作、图书出版、美术印刷品、音像制品等。而像古玩、文物、名人字画等则由于其特殊性,只能以叫卖方式定价。因此,在价格既定的条件下,文化生产单位的盈利水平是由该生产单位个别成本与社会成本的差额决定。文化生产单位的个别成本高于社会成本,盈利就少,甚至亏损。文化生产单位的个别成本低于社会成本,就盈利较大,产品的市场占有率就大,竞争力就强。所以,以社会成本为基础定价的依据,为现代文化生产和市场竞争提供了统一、客观的标准,有利于文化生产力整体水平的提高。

当然,在文化商品价格的构成中,不仅要包括成本,而且还要包括国家的税金和企业的利润。如果文化商品的价格只等于生产成本,那么生产单位在纳税后仍是亏损;如果没有一定的利润,则企业不可能扩大文化再生产。因此,在制定文化商品价格时,要以成本为依据,综合考虑合理的利润与应缴纳的税金,只有这样,才能全面反映文化商品的价值,才能形成较为合理的价格体系,才能促进文化的发展和文化市场的繁荣。

2）供求依据

文化商品价格的制定要以供求关系为指导。供求关系是文化商品生产与消费矛盾运动的基本关系。根据文化商品的供给规律与需求规律,价格变动对供求量起反向调节的关系,依据不同的供求关系来制定价格,才能有效地调节文化商品的供求平衡。文化市场各经济主体间的竞争不断影响着价格,价格又反过来影响供给与需求。当文化市场某种商品的供给与需求达到均衡时就形成了均衡价格,均衡价格通过文化市场供求关系的自发调节形成。然而,如前所述,我国在过去很长一段时间里实行了价格管理体制,对各种文化商品的定价和调价由政府行政部门控制,很少或者几乎不考虑市场供求因素,而且价格一经确定就是几年乃至十几年一贯制。文化供求关系的变化难以引起文化商品价格的相应变动,价格也就不能发挥调节市场供求关系的作用,出现了文化商品的供给者无权定价,而定价者又不提供文化商品,供不应求和供大于求均不能在价格上得以反映等种种违反文化经济客观规律的现象,从而严重阻碍了文化市场的健康发育与文化经济的繁荣发展。因此,要建立与完善我国文化市场经济体制,就要让市场在文化资源配置中起基础性作用,根据价值规律与供求规律来制定价格。虽然在价值与供求关系上,一定的供求关系并不决定一定的价值,但是可以通过价格的波动来调节文化商品的生产条件,从而对文化商品价值的变化产生间接影响。这是因为供求变化影响价格,而价格变化又影响到不同条件下生产文化商品数量的比重,使价值决定条件产生位移。比如,当某种文化商品严重供不应求时,就会出现由劣等条件下的个别价值来调节市场价值。当供过于求时,就会由出现优等条件下的个别价值来调节市场价值,这种情况在音像、图书和文艺演出等市场表现得尤为明显。因此,文化商品的价格与价值偏离程度的大小,取决于供求关系的不平衡程度,取决于供求关系的变化及其运动状况。虽然,从文化市场的整体运动趋势来看,供求关系会基本一致,文化商品的市场价格也接近于市场价值,但这只是它们过去矛盾运动的抵消和平均的结果。在论述价格与供求的基本关系时,马克思曾经这样指出:"如果供求调节着市场价格,或者确切地说,调节着市场价格同市场价值的偏离,那么另一方面,市场价值调节着供求关系,或者说调节着一个中心,供求的变动使市场价格围绕着这个中心发生波动。"我国文化商品价格改革的基本指导思想,要从直接行政管理变为间接的经济管理,从文化市场供求关系的基本规律出发,变固定价格为市场价格,根据文化商品的不同特点,给予价格政策的区别对待,从而真正实现市场在对文化资源配置中的基础性作用。

对在一定时段内人们需求量较大的"热门"文化商品,可以通过提高价格来限制需求量。而对某些相对受冷落的文化商品,则通过降低价格来扩大人们的需求量。例如,对于新上映的影片,一般来说人们的需求量是比较大的,往往出现供不应求的情况,这就可以采取适当提高影片票价的办法来缓解供求矛盾。而对一些旧影片,人们的需求量是比较低的,这时降低票价,能争取一部分观众。对于一些积压过时的书刊,用折价的办法也能扩大销路,解决供求之间的矛盾。

3)按质定价

按质定价,是对同类文化商品按质量的高低,实行分等论价,做到优质高价,低质低价。按质定价是按文化商品的价值来确定文化商品的价格。但是,由于文化商品生产过程中实际耗费的劳动量与社会承认的价值量之间存在很大差距,而当文化商品与其他商品发生交换关系时,则又必须遵循等价交换的原则。那么,对于文化商品价格的确定,还是从对价值的一般规定性出发来明确对文化商品实行按质定价的操作系统。

价值取决于社会必要劳动时间。社会必要劳动时间是在社会正常的生产条件下,在社会平均的劳动熟练程度和劳动强度下制造某种使用价值所需要的劳动时间。在这里,单个商品是被视为该种商品的平均样品。"样品"的劳动耗费量和它的质量是社会必要水平。因此,以统一的社会必要的质量标准为前提,社会必要劳动时间决定价值。这种统一的社会必要的质量标准,在一定社会历史条件下,文化商品的对象性发展所应达到的文化与艺术的水准的文化认同为转移的。这种统一的社会必要的质量标准,既有"专业"的认同,又有非专业的民族社会心理文化的认同,是这两个方面的有机统一。物化文化商品与非物化文化商品都是如此。而对于这种"样品"的认定,从某种意义上来说就是社会的一种价值标准的约定,这种"约定"无疑要受到处于一定历史时期的人们的审美时尚与文化取向的制约,尽管谁都难以在文化商品中找到这样的"样品"(精神文化价值是不能有样品的),但它存在于每个文化消费者心理指认中。优于"样品"质量的等量商品,其价值就大于"样品"的价值,因此其价格也就高;次于"样品"质量的等量商品,其价值就小于"样品"的价值,价格也就低。所以,优质文化产品无论劳动耗费多少,其社会价值都比普通商品的社会价值大,因为生产优质文化产品的劳动具有较高的质量,是文化生产率更高的劳动。这种情况在文艺演出中的"明星崇拜"与"马太效应"中表现得特别明显。

文化商品质量提高意味着商品社会使用价值的生产增长。如果某文化商品生产主体生产出一种优质产品而未增加劳动耗费,抑或追加的劳动耗费小于使用价值增长所带来的劳动节约额,那么这种产品的社会价值就仍大于普通产品。例如,被誉为"情调钢琴之王"的当代法国钢琴家理查德·克莱德曼的钢琴演奏,融合现代高科技电声技术、现代技法与古典音乐美于一体,极大地丰富了钢琴这一古老乐器的表现力,也就增加了这样一种创造性劳动成果的价值。传统京剧联手现代三维数字技术,也是把一个古老的剧种与现代高科技的表现手段相结合,实现了古典美与现代美的统一。因此,提高文化产品质量,不仅增加了产品的使用价值,且本身也是价值的增值过程。按质定价,按价值定价,当成制定文化商品价格的基本原则。

4)政策依据

某些文化商品的价格,还要根据国家在一定时期制定的有关文化经济政策具体制定,以照顾和保证某些特定需求对象的需求量。文化商品价格政策是文化经济政策的重要组成部分,它体现国家关于文化经济发展总政策及各项文化政策对价格形成的基本要求,各种经济的、政治的因素对价格制定的影响最终都通过价格政策反映出来。例如,对大、中、小学的教材,国家通过有关政策规定了较低的价格水平,同时国家对此给予一定补贴来保证这类文化商品的供给充分满足需求;对边远、贫困地区和少数民族地区的保护价格与优待价格政策等,体现的则是国家关于普及教育、提高全民族整体素质的意志。

5)消费能力和消费层次

不同类型的文化商品,因其消费对象的不同,其消费能力也有很大差别。不同消费对象的不同消费能力,也是制定不同种类文化商品价格的重要依据之一。

对面向广大群众的大众文化商品,在制定价格的时候要考虑大众的消费能力,如果制定的价格远高于大众消费能力,这些文化商品就难以被人们接受。例如,电影、戏剧等大众文化商品的票价若是定得过高,广大群众就会因消费能力有限而难以问津。对于以青少年、儿童为主要对象的电影、戏剧(如儿童剧、木偶戏)等在定价时更要考虑他们的消费能力。与此相反的是,对一些非大众性的文化商品,可以根据其特殊消费对象的消费能力来制定较高的价格水平。类似舞厅、KTV包房、保龄球等这类文化商品的价格,就可以按照高价原则来定价。这是因为这类文化商品的消费对象是具有较高消费能力的消费者,以高价原则定价来提供这些文化商品,既可以满足这部分消费者的特殊消费需要,又不影响广大群众的一般文化消费需要。

不同的文化商品反映人们的不同消费层次。在制定不同文化商品的价格时,也必须考虑到消费层次的因素。在这方面,针对一些高层次的文化商品,可以采取特定的定价标准。如对像字画、古玩这类属于较高消费层次的文化商品,可规定较高的价格。这样既可以满足部分高层次的消费者对这类文化消费的需求,又能够从价格上来体现其高层次的文化消费。

6.4 文化商品的定价目标和策略

任何一种文化商品价格的制定在市场经济体制下都应该是定价主体的目的性和规律性的自觉的决策行为。这种决策行为的构成,主要包括定价目标和定价策略两大方面。

6.4.1 文化商品价格的定价目标

所谓"定价目标",是指文化生产单位在为产品定价之前,预先设定的、通过价格手段实现的结果,它是定价主体按照自己的文化经营目标和价格在产品营销中的地位而确定的。因此,文化商品的定价目标直接为定价主体总的经营目标服务,是定价主体经营目标的具体化。文化生产单位,作为定价主体和作为独立的文化经济实体,其终极目标就是尽可能多地获得最大利润。处于不同发展阶段的文化生产单位的文化经济活动,由于具体的经营目标不同,文化生产单位所能选择的定价目标也呈现多样化。具体地讲,大致有以下4类:

1)以获取最大利润为目标

文化商品价格中的利润,是指文化商品销售价格与生产成本、流通费用和税金之间的差额,是文化生产劳动者为社会劳动创造的那部分价值的货币表现。利润的大小在反映文化生产经营单位经济效益的同时,也在一定程度上反映了该单位对社会贡献的大小。所谓"以获取最大利润为目标",是指文化生产单位试图通过价格手段在一定的时间内获取最大限度的利润。那些在同行竞争中具有明显优势,或者表现出了同类商品中的最高或最新的水平,在市场上供不应求,消费者的边际需求较高的文化商品可以选择这一定价目标。实现这一定价目标的方法,就是通过提高文化商品价格,扩大单位文化商品盈利额,追求一定时间内的利润最大化。

2)以一定的投资回报率为目标

投资回报率是衡量一个文化生产经营单位经营实力和经营业绩的主要标志,是指文化生产单位的净利润与用于文化生产总投资之比形成的比率。选取这一定价目标的目的是通过价格手段取得长期且稳定的利润。通常,文化商品供给者以此为定价目标往往是占据了文化市场的主导地位,掌握了市场需求情况与控制了市场份额,有较为雄厚的流转资金为前提。否则,这样的定价目标所带来的投资风险将会很大。

3)以扩大文化市场占有率为目标

市场占有率,是指销售量在市场同类商品销售总量中所占的比重,又称"市场份额"。文化商品生产和发展以文化市场为前提,文化商品在文化市场占有率的状况如何,不仅代表和反映了文化生产经营者及其产品的价格质量信誉,而且会直接影响到文化商品的扩大再生产。因此,以扩大文化市场占有率为定价目标的根本目的,是试图通过价格手段以实现文化商品销售量的增加,采用适当降低文化商品价格的方法,从而增加文化商品的供给总量,用规模效益增加利润总量。这就要求定价主体必须有较大的文化生产潜力,且定价文化产品的成本可随销量的增长而降低,商品的需求价格具有较大的弹性,符合定价主体的文化发展战略,才能选择这一目标。

4)以适应和避免竞争为定价目标

价格是文化商品销售竞争中最有效、最敏感的竞争手段,但运用价格手段进行竞争,往往会遭到竞争对手的报复。因此,为适应和避免竞争,在制定文化商品价格时,文化生产经营者须广泛收集竞争者有关价格方面的情报资料,将自己的文化商品与竞争者的同类商品进行比较,然后才确定自己商品的合理价位。这样,价格既反映了文化商品本身应有的质量和品牌,又不会引起同行的激烈竞争,并且符合文化市场运动的一定行情特征,保持了自己产品良好的市场竞争力和形象。

6.4.2　文化商品价格的定价策略

所谓"定价策略",是指定价主体为实现定价目标在一定的经营环境下所采取的定价方针或指导原则。在文化商品定价运作过程中,根据主体战略的侧重不同,其采取的定价策略主要有 3 种类型:

1)厚利限销定价策略

厚利限销定价策略是指在新的文化商品投放市场的初始阶段,定价主体有意识地把产品的价格定得很高,以期在短期内获取厚利,收回投资进而减少风险。新产品往往采取这种定价策略的对象。由于这种商品在市场中缺乏竞争对手,需求弹性小,一些追捧新潮、偏好猎奇求新和一部分确有实际需求的消费者就算在高价的条件下也照样会购买。例如 1994 年以色列爱乐交响乐团访华来沪,仅在市府大礼堂演出一场,票价达每张 500 元人民币,依然供不应求。在场外,每张票价最高的甚至被"炒"到 1 000 元的"天价"。原因就是不仅供给者的演出水平质量高,享有国际声誉,而且在上海仅作一场演出。初期制定高价,一方面有利于投资的迅速回收;另一方面,由于厚利限制了销量的扩大,在一定程度上延缓了进入市场的速度,从而让供求矛盾在一个较适当的点上达到平衡。

2)薄利多销定价策略

薄利多销与厚利限销相反,它是指定价主体针对消费者追求的"价廉物美"的心理动机,在文化商品进入市场初期,有意识地将商品价格定低,以尽快打开销路,扩大市场份额,谋求长期总利润最大化的一种定价策略。这种定价策略的特点是:单位商品利润额较低,但随着销量增加,市场份额扩大,成本也就随之降低,从而为增加利润量提供可能。运用的就是这种定价策略,现在不少影剧院制定了中小学生观摩专场的票价。这样既完成了年演出场次的额度,完成了利润指标,还支持了中小学精神文明和课余生活的建设。采用这种定价策略的文化商品,一般而言,需求价格弹性较大,价格的高低与销售量之间成密切的反比关系,而且单位产品的生产成本和销售费用与销售量也有密切的反比关系,即销量越大,单位成本和费用就越低,利润也就越高。大部分中小学教学参考书之类的图书价格就属于此类情况。

3）满意价格策略

满意价格策略是介于厚利限销策略和薄利多销策略之间的一种定价策略。这种定价策略兼顾文化生产者和文化消费者双方的利益,故称"满意价格策略"。厚利限销策略虽然在一定条件下对文化商品的供给者有利,但它既有可能遭到文化消费者的拒绝,又有可能招致竞争者的加入而损害供给者的利益。薄利多销策略从一般意义上讲对消费者有利,但也有可能在"一分价钱一分货"的消费心理支配下导致对产品质量的怀疑,特别是像字画、古玩一类的文化商品。而且,由于产品价低利薄,资金回收期长,从而增大了生产经营者的经营风险。而满意价格策略既考虑了扩大当前利润,又考虑了扩大市场份额,能让文化生产者的物化劳动和活劳动消耗得到补偿,从而保证了文化商品生产经营的继续进行。由于我国大多数的文化消费者属于工薪阶层,收入普遍不高,而国家财政也不可能对文化商品实行全面补贴,这就要求文化商品销售时,价格既避免过高,使市场面太窄,也不能过低,导致生产经营者不能弥补成本而亏损,进而影响扩大再生产。因此,许多文化商品在投入市场时,往往在对市场需求充分的调研后都采取这一营销策略。

文化商品价格的制定,既是一门科学,又是一门艺术,需要作许多专门深入的研究。在文化经济活动中,制定文化商品的价格必须依据不同文化商品的不同特点与不同市场需求区别对待,只有这样,才能繁荣市场,促进生产,推动文化经济的健康持续发展。

第7章　文化市场

　　随着改革开放,经济体制逐渐转轨,市场机制得到确立,社会生活的基本方式就是以市场机制为主。经济学通常把"市场"定义为供求双方交换活动的总和,商品市场的核心内容是围绕着物质产品的交换活动(潘一禾,1997)。所谓文化市场,就是进行文化商品交换的场所和机制(顾江,2001)。"市场"的本质属性是进行商品交易,"文化市场",是以商品交换形式提供文化娱乐服务的场所,即进行文化商品交易的场所,文化市场经营的是文化产品。

　　近20年来,我国文化市场经历了从小到大、从零散到系统的发展过程,已逐步形成了一个多门类、多形式的较为完整的文化市场体系。总结其发展历程,大体可分为以下两个阶段:第一阶段,中国文化市场的初步发展时期(1979—1992年)。20世纪80年代初逐渐兴起并迅速发展起来的。进入20世纪80年代中后期,文化经营活动的开展越来越广泛,内容和范围也日益扩大。我国现代文化市场逐步形成发展起来。1988年,文化部、国家工商行政管理局发布《关于加强文化市场管理工作的通知》,正式提出文化市场的概念,同时明确了文化市场的管理范围、任务、原则和方针,标志着我国文化市场的地位正式得到政府部门的承认。1989年,国务院批准在文化部设置文化市场管理局,全国文化市场管理体系开始建立。第二阶段,中国文化市场的日益繁荣时期(1992年至今)。以1992年中共十四大确立的建立社会主义市场经济体制为标志,我国改革开放进入一个新的发展时期。我国文化市场从20世纪80年代初期开始起步,到20世纪90年代初具雏形,现已发展为包括文化娱乐市场、音像市场、图书报刊市场、美术市场、演出市场、电影市场、文物市场、中外文化交流市场、文化艺术培训市场、文化旅游市场、文化交流经纪市场、文化经营服务市场等在内的门类比较齐全、文化消费群体众多的综合性文化市场体系。

十多年间,我国文化市场从无到有、从小到大、从单一到多元、从城市到农村,整个市场呈现出兴旺发达之势,基本形成了多门类、多层次、多形式的文化市场经营格局。2000 年 10 月,中国共产党第十五届五中全会通过中共中央关于制定国民经济和社会发展第十个五年计划的建议,其中第一次在中央正式文件里使用了文化产业这一概念,要求完善文化产业政策,加强文化市场建设和管理,推动文化产业发展。文化艺术活动作为一种经济活动,市场中形成的文化艺术产品价格是调节文化产品供求的最好信号,供求通过价格波动而达到均衡,同其他产品一样,是文化艺术活动中资源配置的表现。

7.1 文化市场的划分和基本特征

文化商品生产和文化市场活动,是在物质生产发展到一定历史阶段基础上才出现的社会经济现象。所以,文化市场是整个市场体系中形成时间较晚、层次最高的一个行业市场。

7.1.1 文化市场的类型

文化市场体系按照不同的划分前提和标准有着不同市场类型。

1)按营销内容分类

文化市场按营销内容划分,可分为文化消费市场和生产要素市场两大类型。其中,文化消费市场包含文化商品市场和文化服务市场两个子体系,生产要素市场又称为文化资源市场子体系。

2)按营销环节分类

文化市场按营销环节划分,可以分为批发(发行)市场和零售市场。批发市场还可以细分为一级批发(总发行)市场、二级批发(省区发行)市场、三级批发(地区、市县发行)市场等。

3)按营销区域分类

文化市场按营销区域划分,可以分为国内市场与国际市场。国内市场可以细分为各个省区市场、城市市场与农村市场、沿海地区市场与内陆地区市场、东部市场与西部市场等。国际市场可以细分为各国市场、各洲市场、中国港澳台市场与新马泰市场、亚太地区市场与欧洲共同体市场等。

目前,中国学术界主要有两种观点。一种是站在文化系统的角度,主要依据文化行政系统的管理范围进行界定,把文化市场分为:文化娱乐市场、演出市场、电影市场、音像市场、图书报刊市场、文物市场、艺术品市场、文化旅游市场、网络文化市场、对外演出市场。我们称之为"小文化市场分类"(刘玉珠、柳士法、李贺林、曹振刚)。一种是从大文化的角度,把文化市场划分为文化商品市场、文化服务市场和文化资源市场3个子体系。其中,文化商品市场子体系包括图书、报纸、期刊、音像、软件、美术、文物、集邮、花卉、宠物、娱乐用品等商品市场;文化服务市场子体系包括演出、娱乐、展览、旅游、影像、电影、广播、电视、网络、教育、咨询、广告、设计等服务市场;文化资源市场子体系包括自然资源、人文资源、文化物资、知识产权、文化人才、文化资本等资源市场(刘玉忠)。

7.1.2 文化市场的基本特征

①文化市场具有意识形态的性质,主要是指文化市场上所交换的文化产品具有意识形态性质,这是由文化产品的特殊属性所决定的。一般商品,如食物、化妆品、家具、家电、服装、住房等都是为了满足人们的物质需要,其作用仅仅在于保证人的正常生活以及决定人的物质生活质量的优劣高低,大多是一种消耗性消费。对于消费者来说,这些物质商品是有愿不愿意买,买不买得起,能否买到的区别。只是影响到生活质量的高低,而没有影响到思想观念。文化市场具有的意识形态可以对人生观、道德观、思想观念、精神境界产生影响。购买文化产品的消费者除了付出经济的代价外,还会在观念上、精神上受到潜移默化的影响。社会意识形态作为社会的观念(或思想)上层建筑,是对一定的社会经济形态及由经济形态所决定的政治制度的自觉反映。在有阶级存在的社会里,社会意识形态是直接或间接反映社会的经济或政治特点,体现一定阶级的利益和要求,力图保存或改变现存社会制度的思想观点的体系。因此,阶级性是社会意识形态的最鲜明的特点。社会主义社会是不同于资本主义制度的新的社会形态,所以,社会主义社会的意识形态,同资本主义的意识形态有着本质的区别,它是以马克思列宁主义、毛泽东思想、邓小平理论为指导的意识形态,是社会主义、共产主义的意识形态。具有意识形态性,是精神产品同物质产品的最根本的区别之一。物质产品是没有阶级性的,一个茶杯,既可以被反动派用来喝水,也可以被革命者用来喝水。茶杯本身并没有阶级性,但是,精神产品则不同,例如鲁迅

的作品,具有鲜明的阶级性、战斗性,是揭露敌人、打击敌人的有力武器。当然,也并不是一切精神产品都具有意识形态性。例如,自然科学就不属于社会意识形态的范畴。在历史和现实中,并没有什么封建主义的自然科学、资本主义的自然科学和社会主义的自然科学的区分。文学、艺术是具有鲜明的意识形态性的社会意识形态。真正的文学、艺术,不仅有优美的形式,而且有深刻的思想内容。作为文学、艺术的思想内容,它可以包括政治、法律、道德、宗教等观点。在文学艺术中,这些观点不再以概念的形式出现,而是通过具体的、丰富而形象化的生动形式出现,扣动人们的心弦,从感情上征服人。因此,文学艺术是一种强有力的意识形态手段,可以起到潜移默化的作用。意识形态诸形式的传播,常常离不开文学艺术的帮助。文学艺术中反映自然景物的美,是否也具有意识形态性?这要具体分析。在文学艺术中的景物描写,往往是借景抒情,或用拟人化的手法,借以表达人们在政治、伦理、宗教等方面的观点。例如,我们描绘祖国的壮丽山河,可以用来激发人们的爱国主义热情。当然,也不能够绝对化地看问题。孟子说过:"口之于味也,有同嗜也;耳之于声也,有同听也;目之于色也,有同美也。"不同的阶级也存在着某种共同的美,例如对于风景画的欣赏。不能绝对排除艺术中存在某种非意识形态的不带阶级成分的因素。文学艺术产品的意识形态性质,决定了文化市场同其他物质产品市场的重大区别。社会主义文化市场,要为社会主义现代化服务,为社会主义精神文明建设服务。这就要求,在实现社会效益和经济效益统一的前提下,更要把社会效益放在第一位。不能为了追求一时的经济效益而损害社会效益。这还要求,加强对社会主义文化市场的宏观引导与管理,采取措施,鼓励和扶植弘扬社会主义主旋律的文化产品占据文化市场的主导地位,不允许反动的、颓废的、黄色的文化产品出现在社会主义的文化市场上。

②文化市场具有开放性的性质。文化没有国界,这一特性在文化市场的性质的形成上也传承了这样的特性,文化市场没有国界,没有地域界限。

7.2 文化市场体系及文化市场类型

市场细分(Market Segmentation)是市场营销学中一个非常重要的概念,市场上主流商业管理教育等均对市场细分这一概念给予了不同程度的关注。市场细分的概念是美国市场学家温德尔·史密斯(Wendell R. Smith)于1956年提出来的,它是指营销者通过市场调研,依据消费者的需要和欲望、购买行为和购买习惯等方面的差异,把某一产品的市场整体划分为若干消费者群的市场分类过程。按照一定标准,辨别和区分同一产品有着不同需求的消费者群体并加以分类的过程,每一个消费者群就是一个细分市场,每一个细分市场都是具有类似需求倾向的消费者构成的群体。

7.2.1 文化市场体系

文化市场体系是指由文化市场交易过程中相互影响、相互作用的各种文化市场共同构成的有机系统。主要包括文化产品市场、文化服务市场、文化要素市场3个类型。与一般市场体系相同,文化市场体系具有统一、开放、竞争、有序的特征。此外,文化市场体系还有其独特性,如生产目的的非盈利性,产品使用价值的精神性,交换价格的背离性,产品消费的非消耗性(罗紫初,2014)。

文化市场体系是由各类文化市场构成的。对文化市场体系构成的探讨,就是对各类文化市场进行科学分类。结合国家统计局颁布的《文化及相关产业分类(2012)》,按照以《国民经济行业分类》为基础、兼顾部门管理需要和可操作性、与国际分类标准相衔接3大分类原则,将文化及相关产业分为5层:第一层包括文化产品的生产、文化相关产品的生产两部分;第二层根据管理需要和文化生产活动的自身特点分为10个大类;第三层依照文化生产活动的相近性分为50个中类;第四层共有120个小类,是文化及相关产业的具体活动类别;第五层为小类下设置的延伸层。

7.2.2 文化市场类型

文化市场体系按不同标志划分,可以分为不同的文化市场类型。

1)按其交换商品属性的不同分类

文化市场可分为文化产品市场、文化服务市场和文化要素市场3大基本类型(罗紫初,2014)。3类文化市场基本特征见表7.1。

表7.1　3类文化市场基本特征

文化市场类型	文化产品市场	文化服务市场	文化要素市场
交换对象	有形的文化产品	无形的服务	有形或无形的市场要素
购买消费者及消费方式	个体分散	个体集中	企业单独
交易量	大	较大	大
交易方式	交易次数多,频繁,复杂多变	交易次数少,类型繁多	交易次数少,固定,专业性强
商品阶段	最终消费	生产和消费同时进行	连接生产和生产性消费

由表7.2可以看出,我国的文化市场体系,由3大基本类型的市场共同构成。

文化产品市场、文化服务市场和文化要素市场3类文化市场结构见表7.2。

表7.2　文化市场结构

文化产品市场	文化服务市场	文化要素市场
印刷出版物(书报)市场	广播及影视市场	文化生产资料市场
电子出版物市场	演出市场	文化资本市场
音像出版物市场	会展市场	知识产权市场
文物艺术品市场	娱乐休闲服务市场	文化人才市场
文化专用设备市场	文化艺术及创意设计服务市场	文化技术市场
文化用品市场	文化产品生产服务市场	文化信息市场
软件市场	网络市场	文化地产市场

2）按市场功能价值分类

文化市场体系由娱乐型文化市场和文化艺术型文化市场两大类型市场构成。娱乐型文化市场是围绕以娱乐消遣为主要价值依据的文化经营活动所形成的市场。此类文化市场的主要功能是满足人们娱乐休闲的文化消费需求。消费者进行这种类型的文化消费,其主要目的是休闲、娱乐和放松身心。娱乐型文化市场主要由文化服务市场中的一些娱乐业项目组成。如卡拉OK厅、室内高尔夫球场、水族馆、溜冰场等。娱乐型文化市场的范围很广,如卡拉 OK 厅、歌舞厅是与文化艺术相关的,但由于这种类型的文化活动中表演的功能弱化了,甚至是消失了,娱乐自身才是主要目的,因此属于娱乐和放松身心的文化活动。还有与体育相关的,如室内高尔夫球场,是与体育项目相关,但由于其作为体育的基本要素,竞技性消失了,消费这些项目的主要目的就是为了玩,为了休闲和放松,非比赛。此外,文化产品市场中以一些娱乐性产品为交换对象的市场,也应归于娱乐型文化市场的范围,如娱乐节目、图书期刊中的娱乐性读物,以及数字出版物中游戏类产品等。

文化艺术型文化市场是围绕以传播文化艺术知识、提高人们的文化艺术造诣为主要价值取向的文化经营活动所形成的市场。此类文化市场的主要功能是满足人们追求文化价值的精神需求。消费者购买这类文化消费时,主要目的是获取文化价值。文化价值是一个概念外延十分广泛的概念,至少包括认知价值(获取认识客观世界的知识)、审美价值(获得愉悦等美感)、传承价值(保存文化)、教化价值(净化心灵)、传播价值(获取信息,以提高决策的适用性)等内容。但是作为经营项目,文化商品的价值应该是其文化含量。即便某些文化艺术产品有使消费者放松或娱乐的作用,但也并非是其作为文化艺术型文化市场产品的主要价值所在。目前属于文化艺术型的文化市场主要有:音乐市场、舞蹈及戏剧等表演市场、影视剧及艺术片制作播映市场、艺术品拍卖及展览市场、文化艺术科学类出版物市场、文化艺术培训市场等。在这些市场中,尽管也存在经营娱乐性产品,如影视剧市场中的娱乐片,出版物市场中的娱乐性图书期刊等,但就其市场整体而言,文化价值仍是其主流导向。

7.3　文化市场交易及规则

随着中国经济的迅猛发展,中国文化产业也在经济的支持下有了如雨后春笋般的飞跃式发展,各种各样的文化创作和表达形式在带给人们视觉享受和精神熏陶的同时,极大地满足了人们对精神世界的不断追求和需要。文化事业的发展与经济市场结合得越来越紧密,逐步呈现出一种产业化发展模式,但由于我国文化产业市场化程度比较低,处于刚刚起步阶段,很多产业模式和运作机制都不是很健全,导致一些产业政策和文化机制反而阻碍了文化产业的快速发展,文化产权交易所就是在这种矛盾非常突出的背景下产生的,它的出现给文化资源和经济市场提供了一个很好的互相融合的平台。

7.3.1 文化市场交易

1)文化市场交易模式与其他商品交易不同

①文化市场交易的内容是产品或服务的交换。从产品的角度来看,文化资本的交易主要是指电影作品、电视节目、音乐唱片、报纸、网络游戏等文化产品以及其衍生品的交易。从服务的角度来看,文化资本的交易主要是指通过音乐会、舞蹈、歌剧、戏剧等文化艺术表演形式,为观众提供文化艺术服务,并以收取门票作为收入来源。

②文化资本交易的本质是精神需求的满足。一般资本交易的本质就是追求利润最大化,实现资本增值,文化资本不仅具有一般资本的本质,同时,文化资本交易还具有满足人们精神层面需求的目的。

③文化资本交易的收益呈递增趋势,文化产品具有公共品的特征。正是由于这种公共品的特征,使得文化资本交易的成本具有边际递减趋势,即在交易初期,价格较高,成本较高,但随着文化产品使用时间的延长,交易的边际成本逐渐降低,同时,由于文化产品的外延价值逐渐显现,从而使得文化资本的收益逐渐增加。

④文化资本交易的模式不断变化。由于科技水平不断提高,社会经济发展加快,文化资本交易的模式也在不断更新。如在过去科技水平不发达的时候,电影作品的营销手段单一,只能张贴海报宣传,但现在通过互联网、手机报、微信等新媒体宣传渠道,可以在拍摄电影作品之前,即开始全方位、立体式地宣传和造势,电影作品发行的方式也发生了巨大变化,过去只能依靠电影院进行发行放映,现在还可以通过网络视频等方式进行发行。

2)文化产权交易是我国文化市场的主要交易模式

文化产权交易所属于新兴事物,主要出现在文化和经济比较发达的几个城市,如上海、深圳、北京——这几个城市集中了中国最有实力的文化产业公司,有最好的文化产业软、硬件环境和设施,是广大文化创作者和文化从业人员最集中的地区,处于文化产业链的中心位置。中国的文化产权交易所大都是在近两年刚刚成立的,在具体的运作内容、方式和机制上还存在着很不完善的地方,处于探索发展的初级阶段,但文化产权交易所的成立在中国文化发展史上具有相当重要的作用,文化产权交易所带来的新的文化市场投资、融资渠道和管理体制、管理理念都将对整个文化产业的发展带来大有裨益的影响。南方沿海一直处于改革开放的前沿,受到中国香港、台湾地区以及欧美的文化市场的影响,文化创作演出活动和与之有关的市场运作比北方要活跃很多,所以,国内文化产权交易所最先在上海、深圳相继成立。

2009年6月15日,上海文化产权交易所正式揭牌。据官方介绍,文化产权交易所的业务范围包括:根据国家和上海相关法律法规和政策,开展各类版权、文化专有权益、公共文化服务政府采购以及其他文化产权的交易。为文化产业投资提供咨询、策划等服务。同时,还将向名人经纪权、各类冠名权等衍生、创新的文化产权交易领域拓展。作为我国第一个综合性文化产权交易服务机构,它的设立标志着我国文化产权交易市场进入了一个崭新的时期,特别是在《关于金融支持文化产业振兴和发展繁荣的指导意见》出台的背景下,这也标志着我国文化产业权益性资本市场的发展实现重大突破,对丰富金融支持文化产业发展的途径与手段,优化文化产业资源的市场化配置以及推动文化产业的升级发展具有重要的意义。

随着我国文化体制改革的深入,文化领域的产权属性及其交易行为正逐步兴起,但是相比较其他领域而言,文化产权交易市场尚处于发展的起步阶段。就现阶段而言,文化产权交易市场主要表现为3种模式:其一是北交所模式,其特征是在综合性产权交易市场中开展专门的文化产权及相关业务;其二是雍和园模式,其特征是基于文化产业园区设立的专门性版权交易市场;其三是上海模式,其特征是建立综合性文化产权交易市场。具体参见表7.3。

表7.3 我国文化产权交易市场运行主要模式比较

模式	典型代表	意义	性质	特征
北交所模式	北京产权交易所文化创意企业投融资服务中心	北京市文化产业产权交易与投融资服务平台	政府主导	强调政府主导下的投融资服务
雍和园模式	国际版权交易中心	版权交易与企业融资孵化平台	政府主导	强调产业园区的融资服务与企业孵化
上海模式	上海文化产权交易所	文化产权综合交易与服务平台	股份制	强调提供综合性文化产权交易服务

资料来源:作者整理。

从表 7.3 可见,北交所模式是目前最为常见的运行模式,它是地方政府依托现有产权交易所搭建的文化产业融资服务平台,具有政府主导的属性,如北京产权交易所文化创意企业投融资服务中心的前期投入主体是北京市政府。这种模式的优势是充分整合资源,借助产权交易所的成熟的运营模式以及资金"蓄水池"功能,开拓文化产业发展的非公开权益性资本融资通道,对缓解文化产业发展的融资瓶颈具有积极的意义。雍和园模式是北京市东城区政府作为投资主体建设运营的专门性版权交易平台,其目标是要构建规范诚信的公开版权交易体系,以及打造完善完备的版权交易综合服务平台。这种模式的优势是充分结合园区产业资源,借力版权交易中心建设,打造完备的版权产业商务配套环境以及公共服务平台,形成以版权交易中心为纽带的版权产业集聚区。也就是说,雍和园模式兼顾了版权交易平台与园区企业孵化平台的双重目标,对于初始阶段的文化产权交易市场建设具有重要的借鉴意义。上海文化产权交易所则是目前中国唯一一家股份制交易所,它是按照市场化方式构建的综合性文化产权交易与服务平台。这种模式除其运行模式的市场化优势之外,其对于完善我国文化产业资本市场体系,打通非公开权益性资本融资通道,以及规范文化产权的评价与交易行为都具有重要的意义。

7.3.2 文化市场交易的规则系统

作为文化市场构成要素之一的市场交易规则系统,是指为了保证交易活动的正常进行而建立的法律规范体系及其执法机构,包括维护市场有序运行的各种法律、法规、规章、制度及其执行和监督机构。市场规则系统的法律规范体系应当包括:

①规范市场主体的法律,如公司法、个人独资企业法、合伙企业法、中外合资经营企业法以及出版管理条例、电影管理条例、广播电视管理条例、营业性演出管理条例、娱乐场所管理条例等。

②规范市场客体的法律,如物权法、著作权法、专利法、产品质量法等。

③规范交易行为的法律,如合同法、票据法、证券法、拍卖法、担保法、保险法、广告法、招标投标法等。

④维护市场秩序的法律,如反不正当竞争法、反垄断法、会计法、审计法、税收征收管理法、保护消费者权益法等。

⑤规范政府调控行为的法律,如预算法、价格法、税法、海关法、对外贸易法、

中国加入 WTO 议定书等。市场规则系统的执法机构,包括行业行政主管部门及其市场稽查机构,以及工商、质检、城管、环保、海关、商检、商贸、版权、商标、专利、公安、消防、卫生防疫等行政职能部门和法院、检察院、仲裁委员会等司法部门。

第 8 章　文化产业

　　截至 2013 年,中国文化产业机构 91.85 万个,文化产业"核心层"有从业人员 1 759.99 万人,2013 年主营业务收入 82 610.98 亿元。早在 2009 年中科院报告认为,中国的文化影响力指数在全世界排名第七,居于美国、德国、英国、法国、意大利、西班牙之后。文化产业上以政府宏观调控为主。抓大放小,重点扶植大型企业,让小型企业自主经营。对本国文化产业采取保护措施,防止外来文化侵略。中国文化产业的特点是:中国本身文化底蕴丰厚,且文化没有排他性,其他国家的文化产品进入中国后都能取得不错的市场效益。中国的文化产业大多由政府介入,文化产业重点项目由政府提出,重点文化企业由政府扶持或是经营。文化产业总体起步晚,市场发育度低,没有健全的文化产业人才培养、流动和奖励机制。现行教育制度制约了文化产业的发展,懂文化的不懂技术,学技术的轻视人文,文化产业实力偏弱,规模小,管理方式滞后。

　　改革开放近 40 年来,中国文化市场以"一手抓繁荣,一手抓管理"的方针为指引,基本形成了由娱乐市场、演出市场、音像市场、电影市场、网络文化市场、艺术品市场等组成的统一、开放、竞争、有序的文化市场体系,初步建立起以综合行政执法、社会监督、行业自律、技术监控为主要内容的文化市场监管体系。

　　"十一五"规划已经把文化产业作为调整经济结构的重要举措,从中央到地方出台了一系列鼓励文化产业发展的政策措施。文化部明确了"十三五"时期文化改革发展的总体思路:充分发挥文化工作对党和国家工作全局的重要作用,坚持中国特色社会主义文化发展道路,坚持社会主义先进文化前进方向,坚持以人民为中心的工作导向,着力推进社会主义核心价值观建设,着力传承中华优秀传统文化,着力推出更多无愧于时代的优秀文艺作品,着力造就优秀文化人才,满足人民群众日益增长的多层次多方面多样化的精神文化需求。深入推进文化体制改革,确保在重点领域和关键环节取得突破。加快构建现代公共文化服务体系,推动文化产业成为国民经济支柱性产业,建立健全现代文化市场体系,加强文化遗产保护利用,推动文化与科技深度融合,推动中华文化走向世界,全面提升国家文化软实力。未来国家将启动骨干文化企业培育计划,文化企业上市推动计划及产业基地建设计划,加大对文化企业的扶持力度,包括税收政策优惠、解决融资难题等方面。

8.1　文化产业的定义及种类

文化产业的概念一直在不断被修改,形成了"学院派"和"应用派"之分。学院派通常从"理论-意识形态"的角度来界定文化产业,应用派则从社会经济实践中关注文化产业的市场性。加上文化产业在各国呈现的地域差异,其所涵盖的范围也随着产业本身的发展越来越宽泛,有的国家将文化产业称为"创意产业"(或是"内容产业")和"核心版权产业"。

8.1.1　文化产业的定义

联合国教科文组织对文化产业的这一定义只包括可以由工业化生产并符合4个特征(即系列化、标准化、生产过程分工精细化和消费的大众化)的产品(如书籍报刊等印刷品和电子出版物有声制品、视听制品等)及其相关服务,而不包括舞台演出和造型艺术的生产与服务。

事实上,世界各国对文化产业并没有一个统一的说法。美国没有文化产业的提法,他们一般只说版权产业,主要是从文化产品具有知识产权的角度进行界定的。日本政府则认为,凡是与文化相关联的产业都属于文化产业。除了传统的演出、展览、新闻出版外,还包括休闲娱乐、广播影视、体育、旅游等,他们称之为内容产业,更强调内容的精神属性。

尽管世界各国对文化产业从不同角度进行了不同的定义,但文化产品的精神性、娱乐性等基本特征不变,因此,文化产业是具有精神性娱乐性的文化产品的生产、流通、消费活动。联合国教科文组织在题为《文化、贸易和全球化》的报告中指出:"文化产业这个概念是指那些包含创作、生产、销售'内容'的产业。从本质上讲,它们与文化有关而且是不可触摸的,一般通过著作权来保护,并且以商品或者服务的形态出现。"据此,文化产业包括以下内容:印刷、出版和多媒体视听、唱片以及电影的生产以及工艺和设计。按照联合国教科文组织的定义，文化产业是指按照工业标准生产、再生产、储存以及分配文化产品和文化服务的一系列活动。2003 年 9 月，中国文化部制定下发的《关于支持和促进文化产业发展的若干意见》，将文化产业界定为："从事文化产品生产和提供文化服务的经营性行业。文化产业是与文化事业相对应的概念，两者都是社会主义文化建设的重要组成部分。文化产业是社会生产力发展的必然产物，是随着中国社会主义市场经济的逐步完善和现代生产方式的不断进步而发展起来的新兴产业。"2004 年，国家统计局对"文化及相关产业"的界定是：为社会公众提供文化娱乐产品和服务的活动，以及与这些活动有关联的活动的集合。所以，中国对文化产业的界定是文化娱乐的集合，区别与国家具有意识形态性的文化事业。

8.1.2　文化产业的分类

在原分类标准实施 8 年之后，国家统计局颁布了新修订的《文化及相关产业分类（2012）》标准，文化及相关产业被分为 10 个大类，其中"文化创意和设计服务"分类首次在《分类》中被提出。《文化及相关产业分类（2012）》与 2004 年的《文化及相关产业分类》相比，修订突出表现在以下 3 个方面：

一是把文化及相关产业的定义进一步完善为"指为社会公众提供文化产品和文化相关产品的生产活动的集合"，并在范围的表述上对文化产品的生产活动（从内涵）和文化相关产品的生产活动（从外延）作出解释。

二是为适应我国文化产业发展的新情况新变化，对原有的类别结构和具体内容作了调整，增加了文化创意、文化新业态、软件设计服务、具有文化内涵的特色产品的生产等内容和部分行业小类，删除旅行社、休闲健身娱乐活动、教学用模型及教具制造、其他文教办公用品制造、其他文化办公用机械制造和彩票活动等。

三是由于目前我国文化体制改革已取得新突破，文化业态不断融合，文化新业态不断涌现，许多文化生产活动很难区分是核心层还是外围层，因此本次修订不再保留 3 个层次的划分。新分类用文化产品的生产活动、文化产品生产的辅助生产活动、文化用品的生产活动和文化专用设备的生产活动 4 个方面来替代 3 个层次。其中，文化产品的生产活动构成文化及相关产业的主体，其他 3 个方面是文化及相关产业的补充。

总的来说，西方"文化产业"概念通常包括：

①"大众文化"或"流行艺术"，如流行音乐、商业设计、电视剧等。

②大众传播媒介。

③把文化推向市场,不仅按照文化艺术的规律来生产,更要按照一般商品生产的模式来生产的产业模式。

④与其他产业一样,按资本运行逻辑生产,追求利润最大化和资本增值。

⑤一种造成当今世界文化存在方式、文化格局、文化观念、文化生产方式、文化接受和消费方式、文化作用方式的改变的文化现象。

以行业或产出的"文化"性质,将文化产业分为新闻、出版、广播、电影、电视、动漫、网络、会展、演艺、游乐、广告等。它构成文化产业的横向体系或水平体系,反映文化产业各行业的发展水平以及行业结构和关系状况。该分类符合产业分类的传统,也是国家统计局采用的方法,利于行业发展的总体比较与行业规划、管理、政策安排,但在当今产业之间、行业之间交互融合的背景下,相互投资频繁,综合经营较多,可能很难简单、准确地做到这点。

以文化产业的价值链,将文化产业分为:

①文化产品和服务创造(研究、开发、设计、创作等)。

②文化产品和服务生产制作(文艺表演、记录媒介、设备、用品、含文化品牌的产品等)。

③文化产品和服务流通(传播、传输、交流等)。

④文化产品和服务销售(发行、分销、文化会展等)。

⑤文化设施(遗产、场所等)。

⑥文化中介与文化咨询(经纪、代理、广告、市场调研等)。它构成文化产业的纵向体系或垂直体系,反映文化产业各环节的结构和关系。该分类,一是按照再生产的各个环节和与之相关环节进行分类,既符合产业链的构成特点,又易于被区分和把握,反映产业链的长短和价值增值状况;二是纳入各个大类(环节)的行业,是按照其活动的属性进行归类,体现了事物的本质,反映了经济活动同质性、各自的产出特点和行业特性,便于反映文化生产力和竞争力水平;三是纳入的活动均与文化、市场有关,反映文化的市场化水平;四是这样分类弥补了已有分类在实践中的缺陷和不足,便于统计,便于对产业各环节的考察和比较,利于政府根据不同的产业、行业领域活动制定有针对性的或扶持、支持或鼓励或限制等政策,便于政策实施部门落实执行,便于政府分类指导、分类管理。具体来说,可以较好地解决国家统计局将文化产业分为"核心层""外围层""相关层"及其归类上所带来的不太规范、游离实际、不便政策落实等问题,如新闻单位,国家

将其定为文化事业单位,由财政开支和补贴,特别是还有政府免费提供新闻这种特殊补贴,若将其不纳入文化产业,就不会给予其产业政策优惠,便解决了既是事业单位,又是企业单位的双重体制,双重身份带来的双重享受问题,促进了公平。但该分类较难反映传统产业分类和进行传统的规划、管理、政策安排。

日本学者日下公人在《新文化产业论》一书里粗线条地把文化产业划分为3类:一是生产与销售以相对独立的物态形式呈现的文化产品的行业(如生产与销售图书、报刊、影视、音像制品等行业);二是以劳务形式出现的文化服务行业(如戏剧舞蹈的演出、体育、娱乐、策划、经纪业等);三是向其他商品和行业提供文化附加值的行业(如装潢、装饰、形象设计、文化旅游等)。

上述分类各有优缺点,可以根据需要采取不同的分类,也可以交叉使用来反映整体情况。

8.2 文化产业组织结构

8.2.1 文化产业的核心层、外围层和相关层

产业组织是指市场经济条件下产业内企业与市场的关系,也就是产业内企业间竞争与垄断的关系。之所以称为产业组织,实际是指产业内企业与市场的合理组织,即在市场机制作用下,既要使企业充满竞争活力,实现有效竞争,又要充分利用规模经济性,实现资源的优化配置,避免过度竞争带来的低效率。产业组织理论主要研究3个紧密相关的问题:市场结构、市场行为和市场绩效。产业组织研究的落脚点是对产业公共政策的研究,即如何制定产业组织政策来优化调整产业组织结构,以推动产业的可持续发展。产业组织结构合理与否是影响一个产业成功发展的关键因素之一。

文化产业的"核心层"包括新闻服务、出版发行和版权服务、广播电影电视服务和文化艺术服务4个类别,共有从业人员332万人,拥有资产8 331亿元,全年营业收入5 775亿元,实现增加值2 512亿元(比2004年增长107.6%)。

"外围层"包括以互联网信息为主的网络文化服务,以旅游、娱乐为主的文化休闲娱乐服务和以广告、会展、文化商务代理为主的其他文化服务等类别,共有从业人员248万人,拥有资产9 319亿元,全年营业收入6 140亿元,实现增加值2 181亿元(比2004年增长247.6%)。与2004年相比,"外围层"无论是在人

员和资产配置上,还是在营业收入和增加值等方面均有较大的发展。

"相关层"包括文化用品、设备及相关文化产品的生产和销售活动,共有从业人员 455 万人,拥有资产 9 837 亿元,全年营业收入 15 330 亿元,实现增加值 2 664 亿元(比 2004 年增长 92.6%)。

8.2.2 我国文化产业的市场结构特征

我国文化产业呈现出一种独特的市场结构特征。这种市场结构既不是垄断竞争,又不是寡头垄断,而是一种行政性垄断与过度竞争并存的市场结构。

①文化企业规模小,缺乏规模经济效应,产业集中度低。我国文化各企业中,大企业少,小企业多,每个企业的产量在产业总的产量中只占一个很小的比例,是我国文化产业内部所有产业的共同特征。我国现有 565 家出版社,2002年的总营业额为 430 亿元人民币,不过 50 亿美元上下。而德国一个贝塔斯曼集团,其年利润高达 140 亿美元,图书出版盈利高达 50 亿美元,它的总利润居然超过中国所有出版社营业额的总和,是中国整个出版业总利润 3 亿多美元和图书盈利 2 亿多美元的许多倍。

市场集中度是衡量产业竞争激烈程度的重要指标,通常用产业中规模最大的前 n 位企业的行业集中度(CR_n)来表示。日本学者植草益按照行业集中度将市场结构划分为寡占型($CR_8 \geqslant 70\%$)、一般寡占型($40\% \leqslant CR_8 < 70\%$)、低集中竞争型($20\% \leqslant CR_8 < 40\%$)和分散竞争型($CR_8 < 20\%$)4 种。美国出版业的集中度介于中集中寡占型和低集中寡占型之间:1993 年美国出版界 CR_4 为 30%,CR_8 为 52%,CR_{20} 为 83.6%。近些年来,随着传媒业并购的加剧,集中化程度明显提高,美国的前 20 家大出版公司的收入占美国全部出版业收入的 85%以上。

按照植草益的划分标准,我国出版业市场集中度还属于分散竞争型,CR_4 一直维持在 6% 左右,CR_8 维持在 10% 左右,CR_{20} 维持在 20% 左右。国内现有出版企业之间的竞争具体体现在从事各类出版业务的主体之间的竞争,由于全国统一、开放、竞争、有序的出版市场尚未形成,地方保护主义盛行,出版市场的竞争呈现出不完全竞争市场的特征,在很大程度上具有行政垄断的特征,许多出版社只是依靠课本教材等计划产品,竞争的方式和手段尚处于初级阶段,出版业的竞争在很多方面处于无序状态。

②产品差异性小,同质化竞争普遍存在。产品存在同质性、相互之间可替代性强、创新不足,是我国文化产业市场结构又一共同特征。报业同质化现象主要

表现在:一是内容同质化。千报一面,缺乏特色。内容同质化的结果是许多报纸的可替代性很强。二是运营模式同质化。发行手段相似,运营方式雷同。报业严重依赖广告,经营模式单一。出版社结构雷同也十分普遍:一是出版产值和利润过分依赖教材。据统计,美、英、日等发达国家的出版利润中,教材的比重都没有超过30%,大众读物的产值贡献率在美国多年来都是超过60%,英国大众读物的产值占到50%,日本则高达80%。相比之下,我国图书市场中教材加教辅的产值比重达到70%,结构失衡的问题十分明显。二是出版的原创性不强,图书跟风现象严重,粗制滥造,科研教学最新成果的图书开发力度不够。

　　③行业管制严,进退存在较大障碍。文化产业进入壁垒明显,既存有结构性壁垒,更存有制度性壁垒。结构性进入壁垒如必要资本量的障碍。拍一部电影动辄上千万,数千万。办一份报纸资金要上亿,而且风险大,足以让一般投资者望而却步。制度性壁垒主要是政府制定的政策、法规等形成的制度性壁垒。首先是所有制壁垒。由于文化产业的意识形态属性,我国对文化经营单位的设立实行严格的审批制,对于非公有制资本进入文化产业进行了诸多限制,对非公有制资本可以进入文化产业的哪些领域、哪些环节、进入程度都有十分明确严格的政策、法规限制规定。除了所有制壁垒,还有行业壁垒、地区壁垒等。文化企业进行跨行业、跨地区、跨所有制经营阻力大,困难重重。文化产业的退出壁垒同样也存在。由于文化单位是国家高度控制的领域,目前文化产业还没有形成必要的进入与退出机制。中国文化产业实现大发展大繁荣,企业走向联盟,依托联盟开展组织创新合作,整合资源,提高自身竞争力,是必然趋势。联盟将确保合作各方的市场优势,寻求新的规模、标准、机能或定位,应对共同的竞争者或将业务推向新领域等目的,企业和相关成员间结成的互相协作和资源整合的一种合作模式。

　　在全球化背景下,许多国家政府对文化产业联盟产生了新的认识。一方面,经济全球化弱化了政府对市场垄断的担忧。由于全球产业竞争的加剧,政府开始重新认定市场垄断中"相关市场"的范围,市场范围的扩大促使政府放松了对合作创新的垄断管制,产业联盟的发展限制条件大幅减少。另一方面,经济全球化促使政府更加关注本国产业的国际竞争力。政府从提高本国产业竞争力的角度出发重视支持产业联盟,以解决产业发展的共性问题,特别是产业创新中的共性问题。

　　创意产业的概念最早出现在1998年出台的《英国创意产业路径文件》中,

该文件明确提出："所谓创意产业,就是指那些从个人的创造力、技能和天分中获取发展动力的企业,以及那些通过对知识产权的开发可创造潜在财富和就业机会的活动。"

创意产业的核心是文化创意产业。文化创意产业在各国定义不同,又称为文化产业、创意知识产业、内容产业等。世界大力推动创意产业的国家有英国、韩国、美国、日本、芬兰、法国、德国、中国、意大利、澳洲、新西兰、丹麦、瑞典、荷兰、比利时和瑞士等。针对文化与创意方面制定产业发展政策,最早是在1997年由英国前首相布莱尔工党内阁所推动的创意产业,同一时期,遭遇亚洲金融风暴的韩国,在总统金大中主导下也开始从电影等产业开始发展"文化内容产业",并成立文化内容振兴院与通过文化内容振兴法。类似作法者,也包括澳洲、新西兰、欧洲诸国等。而中国近几年在文化艺术市场蓬勃、公共展演场地加大建设(如国家大剧院、798艺术区)等,除在既有制造业的优势下寻找出路外,也开始重视文化创意产业的发展。

8.2.3 我国文化产业的层次

我国的文化产业其实也分成几个不同层次,鉴于这些层次在产值、经济总量、发展步伐方面不一样,我们把它分成3个层次。

第一个层次,以旅游为龙头的文化产业发展方式,这是较为初级或低级的发展方式。这种方式简单、门槛低、入门方便,依托于本地资源,容易掌控,所需的初步资金不多。在整体的管理和操作形式上也处于较低层面,所以中国各地,尤其是中、西部城市,总是先采取旅游,或者叫人文旅游的方式来发展文化产业。

第二个层次,目前我国在各地占据主导地位的文化产业发展模式,就是国有的广电集团、电影集团、广播电视集团、新闻出版集团、演出集团等,在国家层面上有中演集团、中国电影公司、中国广电集团等,还有其他的电视台、广播电台等。除了东部一些省份,它们在文化产业总量上占据着非常重要的地位。因为这些产业是通过体制改革转型获得的,有几个特点:第一,它们是国有化的;第二,发展过程中不需要第一桶金,因为它们的资产是划拨式;第三,它们有一些国有的、垄断的资源,比如其他人要办电视台、广播电台、出版社,要办一些对外演出公司方面,还是有相当多的限制。从这个意义上来讲,这是我们目前国内的第二个层次里,总量上占据主导地位,发展模式上是文化体制改革的成功产物。但是,因为过去作为国有的文化单位、事业单位,整体上还有很大包袱。这些年它们一方面要完成国家在整体意识形态方面的任务,另一方面也要承担公共文化服务的任务。

第三个层次,在东部一些地区,包括西部和中部的省份,已经开始意识到文化产业发展的高端形态是创意产业。创意产业的最大特点是以高科技为支撑,以全球化为背景。它们要上市就是去纳斯达克、纽约证券交易所、伦敦交易所上市,是有全球背景的。在整个发展过程中,采取现代金融制度下允许的一些方式,它的投融资方式、上市的方式是国际化的。另一方面,在发展的过程中,它要以全球的需求为目标,其实,要解决中国文化走出去的一系列问题,也要以这个为目标。这样就会看到第三层次的文化产业,体现了文化产业中的高端形态,它是我们产业转型中真正的目标形态。这种形态的特点是:在经济总量上达到相当大的程度,我们国内一大批这一类的企业获得了很大的发展。如腾讯、阿里巴巴、新浪、百度、网易、搜狐,以及优酷、当当这样一大批企业,它们发展速度快,上市之后规模扩张也快。这个产业是通过利用现代投融资方式、上市的方式获得国际化的背景,运用天使基金的方式、风险投资的方式迅速壮大的,这些都跟过去有所不同。这是一种新的、越来越占据文化产业总量,或者叫作推动文化创意产业成为我国未来支柱型产业的一条最重要的通道。

根据报告显示的数据,目前中国文化产业类上市公司共有 88 家,其中以传媒、互联网、网络游戏等细分领域企业为主。报告显示,2010 年是中国文化企业上市快速增加的一年,包括华谊兄弟、华策影视、蓝色光标、博纳国际、人人网、宋城股份等 21 家企业成功登录资本市场。

8.3 文化创新与产业增长

创新是文化的灵魂与生命,是文化的存在之本和发展之源。文化创新是社会创新的一个重要方面,是人类创造力最突出的体现。胡锦涛强调指出,深入推进文化体制改革,促进文化事业全面繁荣和文化产业快速发展,关系全面建设小康社会奋斗目标的实现,关系中国特色社会主义事业总体布局,关系中华民族伟大复兴。

8.3.1 文化创新

文化创新总是在一定历史条件下的创新,从来不存在脱离了具体时空的抽象的文化创新。我国当前的文化创新有其特殊的语境,它面向经济全球化的宏观背景,立足中国特色社会主义建设实践,主要是指党的文化观念的转变,国家文化政策的调整,文化体制的改革,社会文化的繁荣发展等。当前我国的文化创新仍然要首先明晰一系列基本理论问题,仍然要遵循文化创新的一般规律和基本原则。

文化在交流的过程中传播,在继承的基础上发展,都包含着文化创新的意义。文化发展的实质,就在于文化创新。文化创新,是社会实践发展的必然要求,是文化自身发展的内在动力。文化自身的继承与发展,是一个新陈代谢,不断创新的过程。一方面,社会实践不断出现新情况,提出新问题,需要文化不断创新,以适应新情况,回答新问题;另一方面,社会实践的发展,为文化创新提供了更为丰富的资源,准备了更加充足的条件。所以,社会实践是文化创新的动力和基础。

文化创新可以推动社会实践的发展。文化源于社会实践,又引导、制约着社会实践的发展。推动社会实践的发展,促进人的全面发展,是文化创新的根本目的,也是检验文化创新的标准所在。

文化创新能够促进民族文化的繁荣。只有在实践中不断创新,传统文化才能焕发生机、历久弥新,民族文化才能充满活力、日益丰富。文化创新,是一个民族永葆生命力和富有凝聚力的重要保证。

社会实践是文化创作的源泉。所以,立足于社会实践,是文化创作的基本要求,也是文化创新的根本途径。

着眼于文化的继承,"取其精华,去其糟粕""推陈出新,革故鼎新"是文化创新必然经历的过程。一方面,不能离开文化传统,空谈文化创新,对于一个民族和国家来说,如果漠视对传统文化的批判性继承,其民族文化的创新,就会失去根基;另一方面,体现时代精神,是文化创新的重要追求。文化创新,表现在为传统文化注入时代精神的努力中。

不同民族文化之间的交流、借鉴与融合,也是文化创新必然经历的过程。实现文化创新,需要博采众长。文化的交流、借鉴和融合,是学习和吸收各民族优秀文化成果,以发展本民族文化的过程;是不同民族文化之间相互借鉴,以"取长补短"的过程;是在文化交流和文化借鉴的基础上,推出融汇各种文化特质的新文化的过程。由此可见,文化多样性是世界的基本特征,也是文化创新的重要基础。在文化交流、借鉴与融合的过程中,必须以世界优秀文化为营养,充分吸收外国文化的有益成果,同时要以我为主,为我所用。

8.3.2　文化产业增长

2012 年,上海交通大学国家文化产业创新与发展研究基地与中国文化发展指数研究中心《中国文化产业指数研究》课题组联合发布了《2013:中国文化产业发展指数报告》(CCIDI),后面简称《报告》,首次提出了中国文化产业发展指数的指标体系,并对全国 31 个省市区的文化产业发展状况进行排名。《报告》指出,目前我国文化产业发展整体发展态势基本平稳,政策时效递减性效应开始显现,积极发挥市场在资源配置中的作用压力增大,提高我国文化产业发展的创新能力成为我国文化产业持续平稳发展的关键。值得一提的是,《报告》首次初步完成了对中国大城市文化产业发展状况的分析评估,并给出了发展(2009 年)排名。北京、上海、杭州、深圳、广州、长沙、太原、武汉等城市进入《报告》公布的2009 年大城市文化产业发展指数排名前 20 强。

中国文化产业整体发展态势基本平稳,政策时效递减性效应开始显现,积极发挥市场在资源配置中的作用压力增大,提高我国文化产业发展创新能力成为我国文化产业持续平稳发展的关键。

《报告》显示,通过延展"十一五"时期的中国文化产业发展综合指数至 2011年,发现我国文化产业发展在 2006—2011 年间处于总体的上升态势。除 2009年为 99.63 外,其余各年的 CCIDCI 值均大于 100,根据 CCIDCI 指数的编制原理,表明我国每年的文化产业总体发展均好于上一年。2010 年 CCIDCI 指数值高达 131.44,尽管如此,相比 2010 年,2011 年 CCIDCI 指数值以 128.70 为第二高点,表明我国文化产业总体依然保持平稳发展态势。

与 2010 年相比,2011 年中国文化产业发展指数值为 128.70,比 2010 年的131.44 下滑了 2.74。造成下滑的主要原因是内涵发展指数 2011 年比 2010 年下滑了 7.11,表证指数同比微幅上升了 2.19 个百分点。跌幅大于升幅,总体指数值呈现出下滑态势也就不可避免。内涵增长不足以成为总体发展指数下滑的主要原因。在内涵体系中,文化市场体系、文化创新能力指数值相比 2010 年分别下降 10.66 和 10.65。就文化市场体系而言,以文化产权交易中心衡量文化金融市场指数值,由于其数量骤减而使得文化市场体系指数下降,从而成为影响内涵指数值出现波动的主要原因之一。此外,从文化创新能力指数值的下降原因看,主要是由于随着社会消费结构变化,人们的文化消费偏好发生转移。例如,2011 年新版录像制品、录像制品和电子出版物为 6 993 种、5 848 种和 6 924 种,比 2010 年每类平均减少千余种。这一方面表明大力发展文化产业的政策效应仍处于释放期,另一方面表明创新动能不足正在影响我国文化产业发展整体走势。如何积极发挥市场在资源配置中的积极作用,防止政策红利释放殆尽后出现整体性大幅度下滑,大力提升我国文化产业的内生创新动力,进一步营造良好的文化产业发展内环境,内外兼修,将成为我国文化产业长期稳定发展的重要内容。同时凸显出需要进行长效的制度创新和文化法治建设的必要性。

《报告》显示,相比 2009 年,全国 31 个省区市文化产业"新十强",依次为:北京、广东、浙江、江苏、山东、上海、天津、湖南、福建、辽宁。排名均有或大或小的波动,但是所处梯队相对十分稳定。大多地区依然处于相对落后的第三梯队。上海在 2010—2011 年两年间均回落到第二梯队,广东、江苏和浙江依然保持在第二梯队。其他 25 省区市虽有排名先后之分,但并无质的差距。

其中 8 个省市区连续 3 年占据全国十强的地位,分别是北京、辽宁、上海、浙江、江苏、山东、湖南和广东,均处于东部区域,并涵盖了长三角和珠三角区域。这与我国经济增长极基本保持一致,说明经济增长速度与文化产业发展存在着内在的对应性关联。与之相对,也有 8 个地区居于全国的后 10 名,它们分别是:内蒙古、广西、海南、西藏、甘肃、青海、宁夏和新疆。这 8 个地区除海南省外,均为西部地区,其文化产业发展水平与地区经济发展水平和发展阶段相吻合。

同时,对比 2010—2011 年间相比各自前一年的排名变化发现,总体上,进步地区略多于退步地区,且这些地区间并无明显的地域差别。其中,连续两年进步的地区有 3 个,连续退步的地区有 4 个,可以称之为"转型调整"地区。同时,从地域上看,进步特征地区(黑龙江、浙江、青海)和退步特征地区(山西、上海、宁夏、河南)分别代表中、东和西部地区,即文化产业发展的传统、现代和新兴 3 个阶段;这也说明文化产业的发展好坏虽然受到当地经济、社会发展规律的影响,但并不必然受到地域环境的局限,无论处于何种经济发展状态,均可以在文化产业发展上有自己的特色。

我国文化资本市场(A 股)发展迅速,结构日趋合理,成长空间广阔,国有文化企业仍是文化市场主力,但民营文化企业的资金利用效率更好。文化资产质量和资产效率有待提高。据不完全统计,截至 2012 年年底,国内上市文化公司已达到 100 多家。但国内 A 股市场上市的与文化内容密切相关的文化企业只有37 家。其中,国有文化企业 29 家,民营文化企业 8 家。6 家创业板上市,31 家公司主板上市。最早的上市企业为 1994 年沪交所借壳上市的东方明珠,此后上市文化企业年均 1~2 家。2009 年 3 家企业上市后,2010 年和 2011 年达到最多的

7家。此后,2012年上市6家,与文化产业发展指数值变动相一致。同时也成为我国文化产业A股市场竞争的一个转折点。2009年以后,全国共上市文化企业20家,占据37家的一半以上。

从行业结构看,新闻出版发行、文化信息传输是上市文化企业主要集中的行业,两者占总上市文化企业的63%。其中,新闻出版发行服务有14家,占34%;文化信息传输服务有12家,占29%;广播电影电视服务有6家,占15%;文化创意和设计服务有5家,占12%;文化休闲娱乐服务和综合传媒类相对较少,各有两家,各占5%。相对而言,文化创意和设计服务、文化休闲娱乐类公司上市较晚。2009年,奥飞动漫成功上市,成为较早的一家在国内A股市场发行股票的此类公司,随后华侨城、宋城股份等文化休闲娱乐公司相继上市。

从地域结构看,A股市场上市文化企业的分布也有一定的地域性,同地区经济发展水平有极大的关联性。北京以8家上市文化公司高居榜首,广东、上海、浙江分别以7家、5家、4家紧跟其后,安徽、湖北、四川分别有2家,海南、河南、江苏、江西、吉林、辽宁、陕西各有1家。从整体上来看,我国上市文化公司在地域分布上呈现出东多西少、南多北少的特点。上市文化公司主要集中在东、中部经济较为发达的地区,尤其是北京、上海、广州三大地区占绝对优势,西部省份相对较少。

从经济规模来看,国有控股企业总数居多,国有企业在整个文化市场上,贡献了绝大多数的主营收入额,目前仍是我国文化产业资本市场的主力军,但总体盈利能力不强,规模不大,我国文化资本市场仍处在发展的初级阶段。对照民营和国有控股文化企业连续5年的主营收入和净利率看出,国有控股和民营文化企业在经济规模和盈利能力上呈现不同的状况。市场上比较成规模的大文化企业基本都是转型改制的国有控股企业,尤其是新闻出版和广播影视两类,而盈利能力、经营效益相对较好的却是民营文化企业。

值得注意的是,与民营文化企业盈利能力逐年增长的情况相反,国有控股文化企业呈明显下滑态势(如华侨城、出版传媒、北巴传媒、时代出版),呈现出必须引起注意的"剪刀差"现象。怎样通过增加净利润以达到提升资产的利用效率,使得经营效益增加,成为国有文化控股上市公司面临的战略性考虑。

第9章　文化资本与文化投资

　　文化资本是我国文化经济发展的基础,而文化投资则是文化经济发展的手段。文化资本与文化投资不可分离,关系密切,共同构成文化经济发展的支柱,文化产业则是文化经济的具体表现。近年来,文化产业在我国相关政策支持下高速发展。文化产业的发展不仅丰富了文化的内容,也满足了我国人民对文化消费日益增长的需求,必将发展成我国未来的支柱产业之一,并通过资本市场的文化投资,结合"一路一带"的战略规划等措施走向世界。

9.1　文化资本

　　文化资本在我国虽然是一个新兴的概念,但却具有丰富的内涵。在不同的学术领域,文化资本拥有的含义有所不同。

9.1.1　资本与文化资本

　　文化资本作为一种资本,无论其含义还是特征都脱离不了资本。所以,了解资本的含义及有关情况,对于准确理解文化资本具有重要的意义。

1)资本

　　关于资本的理解众说纷纭。正如庞巴维克在考察资本概念时所说:"如同资本理论中其他许多概念一样,资本这一概念,本身已经成为理论家们争论的根源了。分歧的解释多得惊人,而它们之间又互相对抗,这种令人厌恶的争论阻挡了资本理论的研究;资本概念的混乱本身已经够坏的了,而由于资本给近代科学提出了需要考虑和讨论的许多新的问题,情况就更坏了。"在众多资本理论中,马克思的资本理论具有重要意义。但马克思的资本理论,是以商品为基本细胞,以劳动价值论为基础,应用唯物史观来考察资本的活动和创造剩余价值的特征,进而揭露资本主义社会的矛盾,涉及社会资本的属性,但着重于经济资本形态的分析。所以,马克思认为资本是能够带来剩余价值的价值。因而一般也认为马克思所研究的资本主要是指物质资本。马克思认为资本的含义有 3 个方面:第一,资本可以由各种形态表现,但不论用什么形态表现都必须具有价值,凡是没有价值的东西都不是资本。第二,资本必须能够带来剩余价值,只有在现实的物质生产过程中能够产生剩余价值的价值才是资本,虽有价值但不能带来剩余价值的都不是资本。第三,资本必须不断运动,通过循环周转,才能产生剩余价值。后来,贝克尔、舒尔茨等提出了人力资本,他们把蕴藏于劳动者身上的技术与经验称为人力资本,对于生产来说,蕴藏于人身上的知识和经验一点都不比物质资本次要。近年来,有学者提出了自然资本的理论。自然资本是指大自然赋予的可再生和不可再生的资源。在美国学者保罗·霍根、艾莫莉·拉维斯、亨特·拉维斯合著的《自然资本论》一书中,作者认为经济正在从一种对人力生产率的重视转向从根本上提高资源生产率,因此需要有一个借用商业的非凡智慧来解决世界上最深层次的环境和社会问题的共有框架。自然资本主要被生态经济学所关注。社会学家还使用社会资本这一概念,根据世界银行社会资本协会的界定,广义的社会资本是指政府和市民社会为了一个组织的相互利益而采取的集体行动,该组织小至一个家庭,大至一个国家。作为资本的一种形式,社会资本是指为实现工具性或情感性的目的,透过社会网络可以动员的资源或能力的总和。

2) 文化资本

与其他资本相比,文化资本是一个更为复杂的概念。一般认为,文化资本的概念是法国社会学家布迪厄(P. Bourdieu)最早(1973 年)完整地提出的,在之后1986 年出版的《资本的形式》一书中进行了详细的阐述。他将资本划分为 3 种形态:

①经济资本,以金钱为符号及产权制度化形式存在。

②社会资本,以社会声望和社会头衔为符号及社会规约制度化形式存在。

③文化资本,以文凭和学衔为符号及学位制度化形式存在。

而文化资本又分为具体化形态(精神和身体组成的知识、教养、技能、趣味及感性等),客观化形态(书籍、绘画、古董、文物等知识载体和文化表现形式),

制度化形态(学历文凭、资格证书、行业执照等)3 种,而且不同形态的文化资本之间是可以相互转换的,并认为文化资本是以"再生产"的方式世代相传的。对布迪厄来说,具体形式的文化资本是最重要的。他认为,文化资本的基本形式是与身体有关的,并预先假定了某种实体性和具体性,从这一特征可以推断出文化资本的大多数特征。文化资本的这 3 种形态也都可以转变成经济资本。因此,在这一意义上,布迪厄就既能讨论物质利润,又能讨论符号利润,因为其有相对稀缺性,而其拥有者就可以凭此获益。但尽管资本类型繁多,布迪厄始终坚持经济资本(在最后的分析中)是其他形式资本的基础。使用不同资本的权力和特权再造了阶级差别。因此,消费和休闲以及生活方式已经重要到了他们将自身与经济、文化、社会 3 种资本联系起来。我们不得不提到的是布迪厄的文化资本概念仍然局限于社会学领域。

著名社会学家艾尔文·古德纳(Alvin Gouldner)则在文化政治经济学的意义上使用了文化资本的概念。他提出了理解文化资本的文化政治经济学以及文化资本在社会阶层的分化中居于主导作用。古德纳试图用文化资本理论解释在后工业社会由人文知识分子和技术知识分子组成的新阶级的兴起,并指出在旧的劳资关系不再起主宰作用的后工业社会里,其主要特征是文化资本已经取代了旧有的物质资本。同时,文化资本取代货币资本成为社会统治的基础,作为文化资本占有者的新阶级在未来会取代原有资产阶级成为新的统治阶级。古德纳提出的对文化资本理解的文化政治经济学,更加接近目前文化和经济交叉领域所形成的文化经济学意义,文化资本在这里相对经济资本更具有独立性和平等性。虽然古德纳提出了文化政治经济学,但其仍然更多的是在社会学意义上使用文化资本这一概念,文化资本概念与功能所阐释和运用的对象主要还是集中于个人层面或阶层的发展,关注的重点是权力的控制和再生产,而非作为经济和社会发展的产业层面,以及对经济价值和文化价值的创造,因此具有较大的局限性。

澳大利亚文化经济学者戴维·思罗斯比(David Throsby)1999 年在《文化经济学杂志》上发表了《文化资本》一文,在经济学意义上对文化资本概念进行了界定和论述,并于 2001 年出版了《经济学与文化》一书,对文化资本的概念以及在文化经济学领域的应用进行了详细分析和拓展。思罗斯比认为,文化资本的概念是在经济学与文化之间的鸿沟上架起的桥梁。经济学意义上的文化资本能够提供一种描述文化现象的方式,这种方式可以将有形或无形的文化现象解释为价值的永续储存手段,以及个人利益与社会利益的提供者。文化资本的概念为从经济学方面和文化方面分析文化商品、文化服务、文化行为及其他文化现象提供了一个共同的基础。思罗斯比认为,其所考虑的文化资本,不是布迪厄意义上的内在人类特征,而是经济学意义上随着时间的推移能够引起资本服务流的资本资产,从而使我们极有可能通过合适经济学理论和文化理论的方式把文化概念化。思罗斯比认为文化资本是一种资产,除了可能拥有的全部经济价值以外,文化资本还体现、贮存并提供文化价值。正如任何其他形式的资本一样,区分存量与流量都是一项重要的工作。文化资本的存量(Stock)是指在一个给定时点上存在的文化资本的数量,可以用实物量或总价值等任何适当的会计单位来衡量。这种资本存量随着时间的推移会引起服务流量(Flow),产生的服务流量可以用于消费,或者用于进一步生产商品与服务。而且他还进一步指出,文化资本有两种存在形式。一种文化资本以有形(Tangible)的形式存在,可以是建筑物、场所、遗址、庭院、如绘画与雕塑这样的艺术品、手工艺品等。它包括有形的文化遗产,却不限于此。另外,文化资本还可能是无形(Intangible)的。无形文化资本是一种智力资本,表现为某个群体所共享的思想、习惯、信仰和价值观等。此外,无形文化资本也表现为像音乐、文学这样作为公共商品的艺术品。这样定义的智力资本会由于遭到忽视而失去价值,也可能通过新的投资而增值。随着时间的推移,它也会产生服务流。无论是现有智力资本的保持,还是新智力资本的创造,都需要进行资源的投入。

总之,文化资本这一概念并不是文化与资本两个概念的简单结合,而是文化资本化的重要体现。资本概念主要应该从经济学角度进行理解,因此文化资本的中心意义在于资本,在于文化的资本化。所以,文化资本是以财富为具体形式表现出来的某种特定文化价值的积累,并于积累过程中不断推动具有文化价值和经济价值的商品和服务的流动,进而促成社会财富的增长。

9.1.2　文化资本概念与其他资本概念的关系

前述已经论及,资本的内涵丰富,且种类繁多。要较好地理解文化资本的含义,必须将其与其他资本进行比较。

1)文化资本与物质资本

物质资本是指长期存在的生产资料形式,如机器、设备、厂房、建筑物、交通运输设施等。在传统的产业经济中,物质资本占据主导地位,但随着社会经济的发展,知识经济越来越重要,人力资本不论是在数量上还是收益上都逐渐超过了物质资本,并进一步取代了物质资本在经济发展中曾经占据的主导地位。在与文化资本的比较中,有学者将物质资本称为经济资本,但经济资本是统计学上新发展起来的一个概念,所以,将物质资本当成经济资本与文化资本比较并不恰当。关于文化资本,前已述及,其表现形式具有多样性,既具有客观化的物质性质的存在,又具有具体(身体)形式的存在,还具有制度化的存在形式。随着"软实力"这一概念的全球流行,文化资本在一国社会经济发展中的地位日益重要。

2)文化资本与人力资本

人力资本的概念是由费雪于 1906 年在《资本的性质和收入》一文中首次提出的。但是因为人力资本将人看成资本,不断受到社会和理论界的诘难,所以长时间得不到主流经济学的认可,直到 1960 年美国经济学家舒尔茨发表关于"人力资本的投资"演说后,这一概念才真正被纳入主流经济学。舒尔茨在 1961 年发表了《论人力资本投资》,系统地阐述了人力资本理论,他认为,和体现于物质产品上的物质资本一样,人力资本是体现于劳动者身上,通过投资形成的并由劳动者的知识、技能和体力(健康状况)所构成的资本,或者可以说,体现在劳动者身上并以其数量和质量表示的资本就是人力资本。中国学者李建民(1999)教授在分析归纳前人对人力资本的各种定义和解释的基础上,认为个体的人力资本与群体的人力资本存在差异,他给出的人力资本定义是:对于个体,人力资本是指存在于人体之中,后天获得的具有经济价值的知识、技术、能力和健康等质量因素之和。对于群体,人力资本是指存在于一个国家或地区的人口群体每一个人体之中,后天获得的具有经济价值的知识、技能、能力和健康等质量因素之整合。从舒尔茨教授或是我国教授关于人力资本概念的阐述中,我们可以看到,人力资本与人身是不能分离的,即必须存在于人身之中。也正是这一点使人力资本与文化资本具有一定的相似性,因为在文化资本的 3 种状态中即有一种是具体(身体)化状态,表现为个人精神和身体的持久性情。对于布迪厄来说,具体化状态是最重要的。他认为:"文化资本最重要的状态与身体有关,并且预先设定了具体化内容,根据这一事实可以推断出文化资本的大多数特征。"如此一来就很清楚了,布迪厄所论证的文化资本概念在其个人主义形式方面即使与经济学里的人力资本概念不完全相同,也是非常接近的。当然,文化资本还有另外的两种状态,这使得文化资本与人力资本具有了完全不同的内涵。

3）文化资本与社会资本

社会资本是期望在市场中得到回报的社会关系投资。这里的市场可以是经济的、政治的、劳动的或社区的。社会资本是通过社会关系获得的资本,资本是一种社会财产,他借助于行动者所在网络或所在群体中的联系和资源而起作用。在布迪厄看来,文化资本概念和社会资本都与个人的特质有关,虽然文化资本强调文化因素,但是社会资本概念却更关注社会网络。不过,我们从更深层次去思考,个人投资社会关系的深度和广度似乎要受个人所积累的文化资本的程度影响。所以,不同的人或者不同的群体所具有的社会资本也存在较大的差异。但总体上看,文化资本与社会资本关系并不十分密切。

4）文化资本与自然资本

自然资本这一概念首先由皮尔斯(Pearce)于 1988 年使用,并将其与可持续发展联系起来,即"可持续发展可以按照经济变化进行分类,而标准就是自然资本存量的稳定性,即环境资产的存量保持稳定"。他最终从功能性角度将自然资本定义为"任何能够产生具有经济价值的生态服务流的自然资产",并且认为所有的生态服务都可能产生经济价值,如热带雨林、臭氧层和大气碳循环。后来,美国的霍根(Hawken. P)认为自然资本包括常见的为人类所利用的资源——水、矿物、石油、森林、鱼类、土壤、空气等,也还包括草原、大平原、沼泽地、港湾、海洋、珊瑚礁、河岸走廊、苔原和雨林在内的生命系统。自然资本概念的使用主要见于生态学、生态经济学等,在传统经济学中较少使用。甚至有国外学者认为自然资本不具备传统经济学资本的属性,而且它的测度在实际操作中十分困难,因此并无太多实际意义。虽然自然资本也可以分为纯自然资本与人造自然资本,但在人类历史的发展上纯自然资本具有更为重要的意义。这一点上与文化资本有较大差别,文化资本离不开人的参与,都有很强的人为因素。即使是从布迪厄关于文化资本的 3 种状态来看,每一种状态也都具有人为的因素。同时,文化资本因文化产品和服务具有独特性,具有了多样性,这一点自然资本不完全具备,而且自然资本在一定程度上可以为物质资本所替代,具有可替代性,但是文化资本的基本特点在于其内在的文化价值,很难被物质资本所替代。

9.1.3　文化资本的特征

1）文化资本的复杂性

　　文化资本的复杂性主要表现在它是文化与资本的结合,既具有文化的价值特征,又具有资本的财富特征,同时文化从资源状态转变为创造物质财富的资本状态这一过程也是复杂多变的。文化资本的复杂性具体表现在以下几方面:一是文化价值的多元化,促使文化资本的价值特征也具有多元性。这种多元性既可以是历史的不同阶段形成的不同价值特征的历史文化所导致的文化资本,比如人们对不同历史时代的历史剧的投资所形成的文化资本既具有不同的价值特征;也可以是不同民族的各种风情、习惯形成的文化所致的文化资本,比较典型的是不同民族的不同文化所形成的旅游资源所致的文化资本;还可以是不同地域文化所致的文化资本。同时,可以是不同国家文化价值观所形成的文化资本的流动,比如我国大量引进的国外图书、影视作品等。二是文化资本本身的财富性质也具有多样性,既可以是历史性质的财富,也可以是现实的财富,还可以是将来的财富。同时也可以是物质实体性财富,还可以是居于人身的正在逐步实现或未实现的财富。三是文化资本运行过程的复杂性。从经济学的角度看,文化资本的运行过程远比物质资本的运行过程复杂多变。通过物质资本运行所制造的商品通常合格率都很高,所以实现其价值也较为容易。而通过文化资本的运行所形成的商品或服务则可能不能实现其最终价值,比如我国每年所生产的电视剧有百分之好几十不能正常播出,也是不能实现其财富价值目标。四是文化资本的监管具有复杂性。文化资本运行所形成的文化商品和服务对人们社会价值观的形成具有重大的影响,所以各个国家都非常重视对文化资本的监管,都有复杂的监管标准,甚至有审查制度。如果缺少必要的监管,极有可能导致人们社会价值观的混乱,从而引起国家的混乱。这里我们要注意的是社会价值观的混乱与社会价值观的多元化是不同的两个概念。

2）文化资本的文化资源性

　　文化资本的存在离不开文化资源,即文化资源是文化资本存在的前提条件之一,文化资本总是伴随着一定的文化资源而存在。资本进入文化领域也是需要回报的,而这种回报会依赖于一定的文化资源或因为文化资源的不同回报也可能不相同,甚至差距极大。关于文化资源这一概念及其内涵仍存在颇多争议。

有学者采用两分法,认为文化资源就是人们从事文化生产或文化活动所利用或可供利用的各种资源。根据性质不同,文化资源可分为物质文化资源和精神文化资源两种。既包括文化事业资源,也包括社会其他资源。而胡惠林、李康化等将文化资源分为物质、精神和人才3种。认为文化资源就是人们从事文化生产、文化活动所必需的可利用的各种文化生产要素,包括物质文化资源、精神文化资源和文化人才资源3类。物质文化资源包括自然界中可用于文化生产活动的各种物质、环境、条件,如用于雕塑、雕刻的泥土、术材、石料,用于文化旅游和摄影的自然景观、古遗址等,也包括通过劳动创造出来的、用做文化产品的物质载体和生产手段的纸张、油墨、磁带、胶带、摄影器材、灯光音响器材、印刷机械以及剧场、舞厅、影院、图书馆、博物馆等文化设施和设备。精神文化资源包括文化遗产以及教育、科学、文学艺术、道德、法律、宗教、民俗等精神产品中所蕴含的、可用于文化生产和活动的诸多重要内容和形式。文化人才资源包括从事文化产品创造、生产、经营和提供文化娱乐服务的各级各类专门人才。还有人认为,文化资源一般是指前人所创造积累的文化遗产库和今人所创造的文化信息的总和。文化资源分为4种形态,即符号化意义的文化资源、经验型的技能文化资源、垄断性的旅游文化资源和创新型的智能文化资源。不管从什么角度对文化资源进行分类,只能说明随着人类发展的历史进程,人类的文化资源的积累越来越丰富,也会吸引越来越多的资本进行投资以创造更多的社会物质财富。所以,文化资源的不断积累、丰富是文化资本存在的前提之一。

3)文化资本的良好传承性

作为具体化形式的文化资本的传承是资本继承性传承最好的,也是最隐秘的方式。在直接的、可见的传承形式易于受到严格的审查和控制时,这种隐秘的传承方式就在策略复制的体系中得到了更大程度的重视。人们通过直接观察可以看到,经济与文化资本的联系是通过对获得资本所需的时间进行中而建立起来的。家庭或社会所拥有的文化资本的差别,首先隐含在年龄的差别中,也就是说,隐含在传承和积累的过程所开始的年龄当中(即对生物时间的充分运用,用最多的自由时间获得最多的文化资本)。其次,文化资本的差别还隐含在人们能力的差别之中,因为获取资本需要一个较长的过程,而能力就是这一过程所需要的特别的文化上的要求,不同个体因为能力的不同所获取资本的时间要求有很大的差别。当然能力本身也是很难界定的,但一个人接受能力很强,则其获取文化资本的时间相对较短,也就更容易传承某种特殊的文化资本。另外,在客观化形式中文化资本会表现出一些特征,只有把这些特征放在与具体形式的文化资本的关系中,才能定义这些特征。在物质和信息中被客观化的文化资本,如文学、绘画、纪念碑、器械等,在其物质性方面是可以传承的。比如,可以把绘画一代代传承下去,和经济资本的传承是一样的(其传承可能比经济资本更好,因为前者的传承更加隐秘)。不过,可以传承的,只是合法的所有权,而不是也不需要建构这一特殊表现的前提条件。也就是说,传承的并不是对一幅绘画的"消费"方式或者对一台机器的使用方法。在这点上,客观化的文化资本与具体化的文化资本一样,都是服从于同一个传承法则的。身体(具体)化文化资本的传递必须以身体为前提,客观化文化资本的传递必须以客体的存在为前提。

4)文化资本的人文性

文化资本的重要特征是必须以人为本,必须具备人文性或者说人性。决定这一特征的是文化资本运行所形成的产品对人们价值观的形成具有深厚的影响,一个良好发展的社会需要鼓励人们创造积极向上的、具有人文精神的文化产品和服务,否则将适得其反。在一定意义上,物质资本是一种以"物"为核心的资本,它见物不见人,见人不见心。所以,马克思主义经济学认为,物质资本是被物掩盖下的一种生产关系,只有透过现象才能看清物质资本的社会属性。物质资本由货币转化而来,在剩余价值规律、利润规律和竞争规律作用下,它唯有不断扩大规模,增加数量,不存在谁是物质资本的创造者和传承者。而文化资本却不同,"人"是文化资本的核心,人的精神是文化资本的精髓。文化作为精神财富和观念,是人类前代遗留下来且被后代享用或传承的财富,因此,它有一定的创造者和传承者。创造者与传承者是通过"以文教化人"来建立联系的,因此创造者、传承者和传承载体是合三为一的,都集聚在具有能动性的"人"身上。创造者与传承者是合一的,人与对象也是统一的,一切以人为核心。再者,文化资本是一种活态资本,是人类过去的实践过程在当今的演变,是活的要素,故它的传承主要是对活的要素的继承和发展,是历史与当今的人的直接沟通。总之,文化资本在创造和传承上都体现了以人为本的特质。

5)文化资本面临较高的风险性

文化资本的风险性与文化及文化产业的风险性密不可分。西方有关学者认为社会的风险不是只局限于某一地区或领域,全球化的快速进程把风险带到世界各地,局部风险社会已经转型成为全球风险社会。面对信息的产业化和全球化,尤其是文化资本主导的文化产业的全球化的速度的加剧,英国学者斯科特·拉什在《风险社会与风险文化》一文提出严重警告:"始料不及的风险和危险将不再是由工业社会的物质化生产过程中所产生的风险和危险,而是从信息领域、从生物技术领域、从通讯和软件领域产生出的新的风险和危险。"并认为"在风险社会之后,我们要迎来的是风险文化的时代。"他提出,我们所处的全球化时代是风险文化的时代。文化产业是风险文化的主要的载体。文化产业的风险性主要表现在:首先,文化产业的全球化使得民族国家的主权弱化和传统文化的边缘化,这表现在泰比奥·威瑞斯(TapioVaris)所指认的本民族的文化产业与世界的文化产业生产之间存在着某种紧张状态。法国对好莱坞电影文化在全球畅通感到不安和恐惧,为抑制美国娱乐业的入侵,法国在欧共体内寻求建立欧洲及国家定额管理制度。澳大利亚的文化产业委员会也感到不安,他们建议政府在遵守世界贸易组织的规则基础上,建立和创建"文化防火墙"制度。加拿大人在世界贸易组织(WTO)裁决其对美国杂志采取的限制措施有悖自由贸易原则之后,采取了"论坛应变"(Forum Shifting)的措施,建立起多元文化网。第二,文化产品在信息时代转播和辐射非常快,时间的落差越来越小,"文化经济的创造性和创新,不仅带有一种强烈的空间模式色彩,而且带有一种强大的短时性逻辑。"(阿伦·斯科特《文化经济:地理分布与创造性领域》,曹荣湘,编译)文化产品的全球"时空压缩"性凸现。产品盗版和流行与落伍的快速递嬗,使得文化产业部门不得不承担开发新产品时所冒的风险。文化产业所开发"以知识、信息、符号"为载体的产品是非常冒险的,它需要一种来自对自身、预感或想象信仰的承诺。在这种不稳定的、迅速变化着的符号范围内关注产品的未来价值就是风险性的重要表现。正是文化以及文化产业的这种风险必然导致了文化资本风险性存在,这也是文化资本运行过程中必须面对的,不得不考虑的重要问题。

9.2　文化投资的定义、性质和特点

资本和投资是密不可分的两种社会经济现象。没有资本就没有投资;而没有投资,资本也就无从积累。文化投资是文化资本形成的重要途径,是为人们提

供丰富和满意的文化产品和服务的重要手段,对于促进社会文明进程与和谐社会的建设都具有重要的意义。

9.2.1 文化投资的定义

投资是现代市场经济体制下的重要概念和活动,也可以说没有投资就没有现代市场经济,任何产品和服务的形成都需要某种生产要素的投资,文化产品和服务的提供也是如此。

1)投资的界定

投资是一种古老的财富创造活动。《辞海》(2000 版)将投资界定为:企业或个人以获得未来收益为目的,投放一定量的货币或实物,以经营某项事业的行为。投资又分为直接投资和间接投资。将货币或实物直接投资于企业生产经营活动的为直接投资;将货币用于购买股票、债券等金融资产则称为间接投资。一般认为,投资是指人们为了得到一定的未来收益或实现一定的预期目标,而将一定的价值或资本投入到经济运动过程中的行为。通俗说来,投资是现在付出一定的金钱,期望未来获得更多金钱的一种行为。但我们应该注意两点:一是投资者现在付出的金钱要获得未来的回报需要一个等待的时间过程;二是投资者现在付出的金钱是确定的,但未来的收益则是不确定的。这两点构成了任何一种投资的两种风险,也是投资的重要特征。投资除了上述的直接投资和间接投资两类外,还可以从其他角度进一步分类。按照投入资金所增加的资产种类,投资可以分为实物投资和金融投资。实物投资形成现实的固定资产或流动资产,会直接引起实物资产的增加。而金融投资主要体现为一种财务关系,货币资金转化为金融资产,并没有实物资产的增加。按照投资主体的不同,可以将投资分成私人投资和公共投资。所谓私人投资,是指投资者以其私有财产进行投资的行为,企业投资和个人投资都属于该类。公共投资实际上就是政府部门投资,政府公共投资的资金来源于财政。

2)文化投资的含义

文化资本只有不断地从流通过程进入生产过程,再从生产过程进入流通过程,这样循环往复地运动,才能实现价值的增值。文化资本的这种循环往复的运动离不开文化投资活动。

文化投资,又称为文化产业投资,是指将一定数量的资金、实物或其他相关的资源作为文化资本投于文化产业领域内企业的新建或扩大再生产,以实现文化资本增值或创造新价值为目的的行为。广义的文化投资还包括为了增进社会公共利益的公共文化投资行为。作为产业化的文化投资在投资形式上与其他产业投资形式相比具有更广泛的多样性。所以,文化投资不仅仅是一种单纯的货币形式,更包含着丰富多彩的形态——金融货币形态、实物资产形态、专利技术形态、自然资源形态、无形资产形态、知识智能形态等。且不同的形态都可以换算成为一定的货币量,并可以用于资本的增值。一般情况下,文化投资根据对象的不同,可以分为3类:一是竞争性项目投资,如好莱坞的电影投资;二是基础性项目投资,指具有自然垄断性,建设周期较长,投资量大而收益率较低的项目;三是公益性项目投资。从理论上说,产业意义上的文化投资,主要是指第一类和第二类,但是在现实生活中,第三类文化投资也会间接地产生经济效益。

9.2.2 文化投资的性质

性质泛指事物所具有的本质、特点。《现代汉语词典》(2005)将"性质"一词解释为"一种事物区别于其他事物的根本属性"。所以,文化投资的性质即指文化投资区别于其他投资的根本属性。由于文化及文化资本的复杂性,从而决定了文化投资在性质上也具有了复杂性。文化投资的根本属性源于文化投资产品和服务的特殊性。首先,文化产品和服务与一般的产品和服务很大的不同在于文化产品和服务具有很强的价值特征,这种价值特征决定了文化产品和服务对人们的价值观具有很强的影响力。正如一部影视作品出来后有的人喜欢,有的人不喜欢,就因为该部影视作品代表一定的价值观,凡是其所代表的价值观与观众相同或相近,则这部分观众就喜欢,价值观的重合在这里起了很大的作用,反之亦然。由于社会上始终存在一部分价值观正处在形成期或摇摆不定的情况下,这时文化产品和服务对这部分人的价值观形成或稳定会起到很强的影响作用。这还仅仅是文化产品和服务的一个特例。也正是文化产品和服务的这种特征,决定了每个国家和政府对文化投资都非常重视,所以文化投资中很大比例的投资是政府的财政投资,即使是西方发达国家也不例外。我国的文化投资中,政府财政投资的比例很高,而且投资的范围也非常广泛,涉及文化发展的各个领域。这一基本属性也符合公共经济学原理。按照西方公共经济学的理论,以竞争性和排他性为标准将社会产品分为个人产品和公共产品两大类别。文化产品由于非竞争性和非排他性的特征而普遍地被视为公共产品。公共产品的确需要财政大力投资。其次,文化投资既可以是财政投资也可以是社会投资。虽然目前我国文化投资中财政投资的比例较高,但是随着文化领域的改革开放,社会投资日益增加。社会投资的投资方式也是多种多样,既有有形的物质资本投资,也有无形的知识产权的投资,还有股权的投资。其中知识产权的投资与股权的投资是未来发展的大趋势。我国文化投资的发展目前并不能适应我国社会经济发展的需要,虽然财政投入逐年增加,但是总体上仍不能满足日益多元的社会需求,所以我国文化投资领域需要大力吸收社会投资。近年来,通过股票市场发行股票募集资本的文化企业越来越多,如中视传媒、唐德影视、广电传媒、华录百纳、华谊兄弟、歌华有线、粤传媒、华策影视等,也有借壳上市的湖北广电、浙报传媒、百视通、长城影视等。这些公司的上市交易既促进了文化投资的发展,也丰富了股票市场的交易品种。第三,文化投资具有很强的资源性。文化投资的资源性与文化资本的资源性是一脉相通、相互影响的。文化投资依赖于文化资源,或者反过来说,具有好的文化资源就能够更好地吸引文化投资者的介入,更好地吸收社会投资。文化投资所依赖的文化资源与其他投资所需资源也有很大区别。文化资源是历史和人文积累的结果,以区别于其他资源可能是自然发展或人为制造的结果。这也说明能够形成文化投资的领域是非常特别的。

9.2.3 文化投资的特点

文化投资作为国民经济发展的重要领域,也是国民经济的重要组成部分。与其他物质生产领域的投资相比,和文化资本一样,文化投资也有许多自身的特点。对这些特点的理解和认识,是我们掌握文化投资要点的基础。

1) 文化投资是公益性与盈利性的结合

文化投资的公益性是指文化投资所形成的产品在一定程度上是满足社会公众的精神文化需求的,且并不计较一时的经济利益。这是文化投资的一个显著特点,尤其是财政投资形成文化产品表现得更加突出。随着我国社会经济的发展,人们收入的大幅度提高,在人们满足了物质生活之后,对精神文明的要求会越来越高,政府必须加大财政投入的力度,生产更加丰富多彩的文化产品以满足人们的精神需求。

文化投资的盈利性是指文化投资所形成的文化产品在满足人们的精神需求时也要注意经济利益。特别是在我国财政投入不足,社会文化投资逐步增加的今天,这些社会投资都非常注重投资的经济利益,没有经济利益,这些社会文化投资就会投向别的领域,这也充分体现了资本的逐利性。即使是财政文化投资也必须在重视社会效益的同时重视经济利益,但应该更重视长远的经济利益,而不能仅重视一时的经济利益。同时,即使是社会文化投资,也必须重视社会效益,不能因为以盈利为目的就通过文化产品扭曲人们的价值观,甚至提供低级趣味的文化服务。所以,成功的文化投资应该是公益性与盈利性的完美结合。

2)文化投资兼有高风险性和高收益性

文化投资的高风险性主要表现在文化投资所形成的产品并非人们一定需要的需求,即相对于生存需求来说人们对文化产品的需求总是第二位的、次要的,并非生存的必需品。同时,文化产品还是一个体验性产品,人们只有在消费后,才能判断产品的好坏。这一点决定了如果人们事先就某项文化产品形成不好的主观价值判断,那么就很难消费该项文化产品,就有可能选择其他的文化产品。同时,由于文化产品的消费不是必需的,因此人们即使认为其好也可以因为其他某种影响因素不选择该产品,从而导致文化投资具有高风险性,也就是文化投资者所投资的文化产品会因为缺少消费者而不能收回投资,导致投资存在高风险。文化投资的高风险性还表现在其初始投资的固定成本较高。

但与此同时,文化投资又是高收益的投资。文化产品虽然不是人们必需的消费需求,但是随着人们收入水平的提高,在满足了较低层次的需求之后就会要去满足较高层次的文化需求。因此,一项能够满足较高层次需求的文化产品往往会深深地吸引人们消费,从而带来高额的回报。另外,文化投资是高固定成本,低边际成本甚至是零边际成本的投资。所以文化产品生产创造之初,需要投入大量固定成本,但一旦固定投资成本形成,在追加产品生产时,边际成本迅速地下降,甚至下降为零。如制作激光唱盘,第一张光盘的成本极高,但是大量复制后,边际成本就趋向于零。在这样的条件下,文化投资将获得很高的回报。

3)文化投资具有具长周期性和波动性

文化投资无论是用于形成固定资产的文化基本建设投资,还是用于形成流动资产的文化知识产权投资和用于培育文化战略后备资源的投资,它们的建设、创作、培养周期和成型期都比较长。尤其是一些具有文化发展战略意义的重大文化投资项目,由于在投资实施和资产形成过程中长时间脱离国民经济的流通,并且在这一较长阶段不能创造任何其他可供流通以形成资产的有用成果,直到整个建设(创作)周期完结,才能形成产品。由于投资文化战略后备资源的培育有一个生产力资本的转换过程,因此,期望文化投资像物质生产活动那样一边投入消耗资金,一边推进生产进程,每时每刻都能完成产品,这是不可能的。例如,电视连续剧《红楼梦》、电影《大决战》等大型影视巨片的投资,从选题、创作、拍摄、制作,直到上映播出,往往需要好几年时间;投资诸如《辞海》《中国大百科全书》《汉语大词典》这样的国家级重点文化工程,甚至需要十年、十几年乃至几十年的时间;至于文化战略后备资源的投资,则是需要一代又一代连续不断的投资,才可能实现国家文化状况的根本转变。因此,从某种程度上说,较之用于形成固定资产的文化基本建设投资,这类投资的周期更长,难度更大,意义也更加重大,同时也就更加说明文化投资是关于社会进步和文明发展的一项战略性投资。文化投资的实施不仅表现出长期性,而且由于这种长期性的影响还会表现出波动性。这种波动性的一个显著标志,就是在文化投资项目实施过程中它的峰值运动。一个大的文化投资项目,无论是像新建的上海图书馆那样需要投资几个亿的文化基本建设"硬件"工程,还是像编纂出版《中国大百科全书》,实施"夏商周断代工程研究"那样需要投资上千万乃至几千万元的文化建设"软件"工程,它的资金运动都不可能一步到位,而是在整个投资周期中,按工程进度表和工程进展量来安排资金。在整个过程中,往往是项目实施期的投资支出要比决策期多,具体施工(创作)阶段的投资支出要比准备阶段大,到了施工中期,工程全面展开,投资达到最高峰。这就要求每一重大文化项目的实施,必须事先规划好工程的进度和投资分布。在安排宏观、中观文化投资计划时,要根据国家财力和地方财力所能承受的限度,正确处理文化投资规模与国民经济投资总规模的关系,尤其是安排建设生产周期长、投资量大的大中型文化投资项目,更要力求做到投资结构合理,均衡实现投资实施,错开投资高峰期。否则,就会损害文化事业的发展。

4)文化投资是价值性与娱乐性的统一

文化投资的价值性是指文化投资都应该具有一定的价值目标,进一步说就是要影响或引导人们形成何种价值观。人们的价值观是影响或左右社会发展的重要因素,所以,各个国家都非常重视通过文化投资对国民进行价值观教育,以更好地引导人们有一个正确的、符合人类发展前进道路的价值观。只有全民具有正确、积极向上的价值观,社会经济的发展才更顺利、更快。当然,这并不是要人们形成统一的价值观,也不排斥人们价值观的多元化。我国的文化投资也不例外。同时,文化投资还有一个很重要的目的,即通过文化投资形成娱乐性的产品和服务,使人们能够在紧张的学习、工作之余获得精神上的愉快和心理上的放松。而娱乐在本质上是对人性的完善。人性就是在一定社会制度和一定历史条件下形成的人的本性,所以人性的含义随历史背景的不同而不同,随社会经济的发展而发展。在宗教盛行的中世纪,禁欲是完善人性的措施,而对禁欲的批判则是完善当代人性的社会必要。现代社会中,随着社会的发展,人性的内涵日益丰富,然而现代的生产方式日益在这方面表现出局限性。现代科学技术的发展促进了人们物质生活的极大丰富,但正是这种物质欲望的满足,却在某种程度上压抑了人们情感的满足和导致了邻里、朋友、亲戚关系的疏远,也由此产生了人们对丰富多彩的娱乐生活的需求。这在一定程度上使文化投资的娱乐性功能有日益扩大的趋势。而文化投资娱乐性的本身与文化投资的价值性并不矛盾,即文化投资的娱乐性只有坚持良好的价值观,才能真正满足人们积极向上的进取性的精神文化生活需求。

9.3　文化投资的分类

文化投资从不同的角度可以分为不同的种类。由于文化投资领域广泛,因此文化投资的类别也多种多样。了解文化投资的不同类别的特征,有利于人们有针对性地进行投资。文化资源和文化资本的复杂性决定了文化投资分类的复杂性,即根据文化资源的不同及文化资本的不同可以把文化投资分为不同的类型。

9.3.1　财政性文化投资与社会性文化投资

这是根据文化投资资金来源进行的分类。财政性文化投资的资金来自于政府的财政拨款,目前这仍然是我国最重要的文化投资之一。社会性文化投资是指文化投资的资金主要来源于社会上的资本,即非政府资本。社会性文化投资在我国文化投资中占据了越来越重要的地位。前者具有较强的社会公益性质,而后者则具有更强的盈利性质。

9.3.2　固定文化资产投资和流动文化资产投资

这是从文化投资所形成的资产能否移动而进行的分类。固定文化资产投资形成的文化资产是固定文化资产,它是指在文化再生产过程中,可供较长时间反复使用,并在使用过程中基本不改变原有实物形态的文化生产资料和其他物质资料,如博物馆、图书馆、影剧院、影视制作设备、音乐音像器材、印刷机械、传播发送工具等。流动文化资产是指在文化生产经营过程中经常改变其存在状态的资金运用项目,如各种文化产品(图书、拷贝、音像制品、上演剧目、美术品等)、库存现金、银行存款和文化基金等。用于流动文化资产的投资称为"流动文化资产投资"。

9.3.3　货币文化投资、实物文化投资和无形资产文化投资

这主要是根据用于文化投资的资本形态的不同而进行的分类。一是货币形式的文化投资,就是以一定数量的现金投于某种文化产品的生产或某个文化企业的新建和扩建。在文化资本循环中,这些货币资本会依次转化为生产资本和商品资本,然后,包含着已增值的资本量,恢复到原先的货币资本状态。二是实物形式的文化投资,是指以一定价值量的文化产品生产资料,如建筑、土地、机械、设施、原材料等,投于某种文化产品的开发或某个文化企业的新建或扩建。在文化资本循环中,这些实物资本以生产资料的形式进入资本循环,且不断地将其价值转移到所生产的文化产品中,形成商品资本。当这些文化商品在流通领域实现其价值后,即产品出售以后,原先实物形式的投资并没有回到实物形态,而是变成了货币形态,其中还包含着资本循环产生的价值增量。三是无形资产(资本)形式的文化投资,是指将无形资产(资本)投资于文化领域,以生产出满足人们文化精神需要的文化产品,并实现该种无形资产(资本)价值的文化投资活动。文化产业涉及范围很广,包括文化、艺术、美术、历史、政治等领域和意识形态领域。而这些领域存在许多无形价值、无形资产,如出版权、著作权、出名的品牌、历史名人的名字、历史古城的名字、有影响的社会团体的名字等。这些无形资产若不用于任何使用价值的创造,即不与具体的文化企业、文化项目或文化产品结合,就仅是一些存在于人们心目中的名声而已,并不是文化资本。但是,一旦这些名声同某个具体的文化企业、文化项目或文化产品结合(如某个文化企业取名同某个有名的名号有关,或干脆把某个有名的名号作为文化企业的名称。或者某种新开发的文化产品的名称取定同某个历史名人有关等),那么这些存在于人们心目中的名声就成了一种无形资本,并将伴随着该企业的有形资本进入资本循环的所有环节。同时,售让某项无形资产的文化企业的文化产品,或是因该项无形资产而提高了产品的价格,或是因之而促进了市场销售。这里我们之所以把该项无形资产称为无形资本,是因为它不仅参与了有形资本循环

的各个环节,而且还使有形资本增值得更大更快。

9.3.4　直接文化投资与间接文化投资

这是根据文化投资的资金筹集和运行方式的不同而进行的分类。直接投资是将资金直接投入文化投资项目,形成固定文化资产和流动文化资产的投资。直接投资可以扩大文化生产能力,增加实物文化资产和文化无形资产的存量,从而为能向社会提供最现代化的文化服务设施和最优质的文化产品奠定物质基础。间接投资包括两种情况:一是指通过购买或发行有价证券(股票、债券等)所进行的文化投资。这种投资形成文化金融资本,如唐德影视、长城影视、电广传媒、歌华有线、华录百纳、中视传媒等公司发行上市的股票,就是目前我国证券资本市场的文化投资证券。文化投资证券虽然就性质来讲仅仅是所有权的转移,并不直接构成文化生产能力的增加,但它可以通过文化企业部分股权的转让,通过发达的资本市场,广泛、有效地实现社会资金的聚集,满足符合现代市场经济要求的文化大生产对资金需求的不断增加,以弥补国家财政对文化投资的不足,进而形成生产规模的扩大和技术手段的更新,促进整个文化产业经济的迅速发展。所以,保持资本市场的稳定和健康发展不仅对于我国市场经济的完善和发展极为重要,对我国文化产业的持续快速发展同样重要。二是指对文化艺术教育的投资。这种投资的重要特征,是既不形成国家文化资产,也不形成流动文化资产,而是通过对文化艺术的专门教育投资和普及教育投资,提高人们的整体文化艺术素质,营造良好的社会文化生态环境,以形成固定文化资产的投资和流动文化资产的投资所必不可少的、文化艺术生长和发展的战略后备资源——文化生产力中的革命性要素,并最终通过这一革命性要素的运动、创造,实现固定文化资产和流动文化资产的增值,以实现文化投资的最佳回报。这就是文化人力资源投资。然而,长期形成的文化投资的非生产性观念,导致我国文化投资严重不足,加剧了文化艺术教育和人的素质的落后状况,文化生产力发展缺乏应有的后劲。因此,必须加大文化的间接投资,加强文化素质教育,加快人的文化素质的培养,以增强文化生产力发展的后劲。

第 10 章　文化经济效益与经济核算

文化是经济的反映,一定的文化由一定的经济所决定,又反作用于一定的经济,给经济以重大的影响。文化是经济发展的强大动力。随着时间的推进、社会的变革,文化与经济的发展相互交融,文化的经济功能日显突出,文化对经济发展的推动、引导和支撑作用已越来越明显。在中央关于繁荣社会主义文化事业,实现文化大繁荣的路线指导下,全国文化事业有了突破式的发展,文化创新在提升文化效益向经济效益转变的同时,给文化事业的发展注入了强大的动力。

10.1　文化经济效益

文化产业具有经济效益和社会效益之分,在市场经济统筹世界经济格局的今天,一个国家的文化能力往往是通过经济效益展现出来的。

10.1.1　文化经济效益的特殊性

文化经济效益是指一个文化企业通过组织生产、销售文化产品或提供文化服务所获得的一定的利润回报。文化产品作为一种特殊的商品所具有的特殊的精神的或思想感情的属性,使它在进入市场时往往难以按照一般商品“等价交换”的原则来实现自身价值。在物质产品生产中,只要具备一定的物质条件,任何经过训练的生产主体,都可以根据一定的标准生产出同样质量和数量的物质产品。他们所创造出的价值,是由生产该商品所需的社会必要劳动时间决定的。

而在文化产品的生产中,即使利用同样的物质条件,也并非每个文化产品的生产者都能创作出同样的作品。因此,文化产品的创作是一种既与一般的物质劳动相区别,又与一般的精神生产活动不同的审美创造过程。文化产品生产的初始成本较高,但它的产品复制和传播成本很低,其销售与传播的规模越大,效益就会越大。与物质产品的收益规律不同,文化产品呈现边际收益递增的规律,文化产业主要依赖非物质形态的文化与智力资源,在不消耗或很少消耗物质资源或能源的条件下,实现大规模的经济产出,拉动经济增长,对于经济社会发展具有独特贡献。

10.1.2 韩国、日本文化产业创造的经济效益对本国经济发展的作用

韩国于 1999 年进一步确立了"文化立国"的国家战略,政府成立了专门的文化产业振兴机构,为韩国文化创意产业的飞速发展奠定了坚实的基础。韩流极大提升了韩国的国家形象和韩国制造的竞争力,可以说,韩流文化作为韩国的"国家名片",为韩国其他产业带来的机会和经济效益,远远超出了韩流文化出口本身的价值,已成为韩国企业投资和对外谈判时的最大助力。例如,火遍亚洲的韩剧《来自星星的你》,在韩国,该剧收视率稳居同时间段收视率第一位成为韩国观众最喜爱的电视节目。在中国,这部被称为自中国拥有社交媒体以来最被热议的韩剧,剧集还未完结,在中国视频网站上的点击量便已超过 10 亿次,不仅普通观众深陷其中,就连一众明星也和大家一起每周苦盼更新。

在"眼球"便是"经济"的时代,《来自星星的你》的巨大成功,必然将为相关利益方带来可观的广告、唱片和版权费等各类经济收入。不仅如此,凡是在剧中出现的产品,包括服装、化妆品、首饰乃至手机等,一律都成了热卖品,甚至于被热炒至卖到脱销。在《来自星星的你》热播后不久,国内旅行社便已迅速推出了专门面向"星星迷"的韩国主题游产品。外国游客赴韩旅游的不断增长,不仅带来了可观的航空、住宿、餐饮、百货零售、娱乐和文化等相关行业收入,更创造了数量可观的新增就业岗位。可以说,韩流文化作为韩国的"国家名片",为韩国其他产业带来的机会和经济效益,远远超出了韩流文化出口本身的价值。

日本是世界第三经济强国,早在 1985 年,日本经济持续增长之时,就试图从"经济大国"转向"政治大国"最终走向"文化大国"。以日本的动漫产业为例,日本的动漫产业蓬勃发展,已经成为日本的第三大产业,已经占日本 GDP 十几个百分点。日本国内的动画市场不断扩展,已经是良性发展且盈利无忧,同时其国际市场的开发也显得从容自得,是世界上最大的动漫制作和输出国,日本动画片在全世界播放的动画片中约占 60%。2000 年以后,每年在美国播放的日本动画片在 40 部以上,收入达 530.4 亿日元,销售与动画片相关的商品收入达 4 920 亿

日元。日本动画大师宫崎骏的动画巨片《千与千寻》不仅在 2002 年摘取了柏林电影节金熊奖和美国奥斯卡奖，票房收入超过《泰坦尼克》突破 300 亿日元，成为日本有史以来最卖座的影片。这部艺术商业双丰收的影片也使日本动画片在国际上的知名度大大提高。以"创意"为核心，以动画、漫画为表现形式，以电影电视传播为拉动效应——带动系列产品的"开发—生产—出版—演出—播出—销售"的动漫产业链，包含动漫图书、报刊、音像制品、舞台剧和基于现代信息传播技术手段的动漫新品种以及与动漫形象有关的服装、玩具、电子游戏等衍生产品的生产和经营。当动漫走红后，不仅能收到来自世界各地的电影电视放映版权费、影像制品的出版费，动画片中的形象可授权他人使用，还可——被商品化，制成各种玩具、服装等销售到国外。而后者的收入最可观。日本 2004 年所获得的动漫形象权收益高达 39 亿美元。

10.1.3　通过创新与政府扶持，提高我国文化经济效益水平

日本的动漫产业之所以能引领世界动漫市场，源于动漫文化产业创造的无限商机，动漫文化拥有全世界各地的追随者，创造了巨大的经济效应，因此动漫也成为日本文化的代表形象之一。反观我们中国的文化事业发展潜力，我们拥有着 5 000 年历史悠久的文化底蕴，这是我们所有文化实现再造和提升后华丽转型的先天优势。而我们所或缺的正是一种文化效益向经济效益转变的能力。就近而言，中国的电影也曾在全球大放异彩，为提升中国在国际上的知名度及影响力作出过卓越的贡献。但随着经济的发展，个人的价值观发生改变，中国的大导演们开始追求个人经济利益，影片越做越大，场景越来越宏伟，电脑后期制作越来越精彩，虽然吸引了观众，赚取了票房，但是其文化价值已经无法与过去相比较，也无法像"韩流"或日本动漫一样为国家带来经济效益。而在各大卫视热播的各种综艺节目，多数为由国外购买版权引进，虽然各大卫视赚取了大量的收视率及广告费用，但是其缺乏创新性是其一大硬伤，致使其无法持久存在。

事实如此，未来一个国家的发展已经从单纯的实业发展，而越发向看不着摸不到的文化层面上升，在信息化社会的刺激下，文化将成为一种没有了间隔并能在世界范围内自由流通，而创造无限价值的抢手开发领域。2012 年一部纪录片在中国引发了社会各界的广泛赞誉和热烈反响，不仅收视率屡创新高，还引发了社会对美食、民俗、文化认同等话题的热烈探讨，更带来了商机，地方特产、锅碗瓢盆热卖。以"美食之旅"使旅游线路成为热门，一部纪录片火爆了媒体、商家和产业。《舌尖上的中国》的热播说明，人们的文化消费越来越畅旺，反映了人

们用于发展资料和享受资料在增加,生活水平在不断提高。《舌尖上的中国》的创新反映了人民群众的文化需求,因此深受观众欢迎,成为人们文化消费的热点,激发了人们的文化消费热情,扩大了文化市场需求,提高了人们的文化消费水平。消费拉动经济增长,对生产具有积极的促进作用。《舌尖上的中国》的热播,促进了我国文化和相关产业的发展,激发了广大文化工作者的积极性和创造性。因此,我们还要加大文化事业领域的变革,把握时代发展的脉搏,将中华文化事业推向一个有着莫大市场发展机遇的世界文化体系平台,为社会主义现代化贡献力量。

文化制度与文化事业的变革与创新是我们国家体制建设的一个重要部分。中央大力实行文化体制改革,全国各级文化机构和事业单位,逐步实现转型,适应市场化和时代发展的要求,正是符合了这一理念。当前,文化体制有了变革,有了很好的开端,文化事业单位和各级文化机构也将逐步实现转型,由事业单位向企业化转型,迎接文化市场的挑战,这是未来各级文化机构实现自我突破的关键。

文化产业要想实现向现实经济效益过渡,要求我们在坚持传承优秀传统文化的同时,必须学会文化创新,提升自我文化创新的能力。知识就是生产力,创新才能找到发展先机,这些发展定律,同样适用于我们文化产业的发展。一些文化机构和一些传统文化模式,之所以面临生存困境,面临传承危机,很大程度上是因为这些文化要素已经远远落后时代的步伐,如若不主动积极地变革,甚至有可能被这个时代所抛弃。

而另一方面,我们一些传统的民间文化模式,正在面临各种危机。这种危机表现在:缺乏市场,年轻人不感兴趣。更让人担忧的是,这些传统文化工艺与手艺缺乏传承的继承人,这一系列的问题,归根到底还是一种缺乏创新,缺少占据文化市场的勇气。要解决传统文化的传承危机,同样的道理还是必须找到传统文化现代传播的创新途径。例如,鲁南苏北有着悠久历史的柳琴戏表演,这种文化艺术形式,在当地民间曾经有着庞大的市场和众多的铁杆戏迷,但是随着时代的发展,在现代多元化文化冲击下,以及网络文化的兴起,传统的柳琴戏表演已经很少能吸引住人们关注的眼睛,也就很难再留得住观众步伐。山东临沂柳琴剧团,在当地文化惠民政策的扶植下,实现了柳琴戏创新表演的新方式,把展现当地发展成就,弘扬当地沂蒙革命精神作为创作旋律,在表演形式上大胆引入各种现代的表演方式,实现了舞台效果、舞蹈表演、乐器结合等现代表演形式的完美融合,而重新收复了自己原本的文化市场,并走向了全国。

文化产业的经济效益和社会效益需要政府的扶持才能够充分实现。通过及时、恰当的文化产业政策来推动这一战略性产业的快速发展,已是许多发达国家的共同经验。文化产业化是文化与经济融合的必然趋势,树立并实践文化产业的科学发展观和文化市场科学的管理理念。我国文化产业的技术创新能力需增强,产品的技术含量需不断提高,为产业扩张提供技术条件。

同时,文化产品经济效益的实现程度又由它对社会需求的满足程度所决定的市场经济条件下,产品主要受市场调节,因此社会需求主要通过市场需求来实现。人们对文化产品的需求一定程度上又受他们的文化素质和水平的制约,人们文化素质的层次性,规定着人们对文化产品需求的层次性。一些需要有较高的文化素养、专业知识和审美能力才能接受的文化产品,如交响乐、芭蕾舞、歌剧、学术著作等长期以来之所以在供给和需求方面的矛盾比较突出,一个重要原因就是对文化产品需求中的高层次需求不足带来的。因此,当文化产品面向市场时,将"利润最大化""收入最大化""满足最佳化""收益和增值最大化"作为最高追求的市场经济的选择。例如,在单纯牟利动机的驱使下生产和经营一些宣扬封建迷信、淫秽色情、凶杀暴力,以及其他格调低下甚至有严重政治问题的出版物和音像制品、计算机软件等有害社会、毒化人们心灵的低级庸俗的文化劣质品。

10.2　文化经济效益的经济核算

10.2.1　文化单位的经济核算

文化经济效益是衡量文化劳动节约程度的标志,是文化经营活动中劳动消耗量同劳动成果的比较。文化经济效益具体反映在经济指标和统计数字上。文化产业经营情况主要通过业务收入、利润等指标反映,增加值反映的是对整个经济的影响和贡献。它是通过记账和算账,对生产资料的占用和消耗以及生产成果进行分析、对比和考核,达到以较少的劳动消耗取得较多的生产成果或经济收益,是经济管理的一种科学方法。

当前,我国既有按企业方式经营的文化单位,又有必须依靠政府拨款、社会资助来实现其经济补偿的文化单位。这两类文化单位不仅在实现劳动消耗补偿的形式上不同,而且在运行目的和方式上不同。所以,要进一步展开探讨文化单位的经济核算,就必须将文化单位分成上述两类,分别阐述。凡实行企业化管理的文化事业单位,均放在文化企业一类来分析。

文化企业单位的经济核算包括:

①建立经济责任分工体系。所谓建立经济责任分工体系,就是将文化企业所承担的社会经济责任及其盈利目标,通过适当的形式和适当的指标,逐项分别落实到企业内部各个方面,以明确各部门、各环节和职工个人对企业应承担的经济责任。指标分解应当根据不同文化产业的具体情况及不同指标,采取不同的方法。从总体而言,大致可分为两类:一类为直接的切割法,即将总指标从数量上划分开来,直接落实到各责任者身上,这类指标分解法一般适用于综合性不强的总指标;另一类属于综合指标,它们只能通过因素分解、指标变形,将总指标分解成各种分指标和小指标才能落实到责任者身上。

②建立生产经营的分权体系。在责任分解落实以后,有必要根据权、责、利相统一的原则,建立相应的分权体系,以确保各责任单位有条件承担责任。建立生产经营的分权体系,实际上是对文化企业的各种权力按照各自承担的责任进行分解。文化企业的各种权力实际上是企业对各种资源的处置权,因此,建立生产经营的分权体系,就是对人权、财权、物权进行的适当分离。

③建立文化企业内文化经济责任结算体系。文化企业内部结算体系是企业内部各个环节之间在物资流动、劳务活动等方面,实行对等交换相对等补偿的制度,是文化企业内部各单位相互分清责任、计算经济效果的基本手段。

④建立联责计酬的物质分配体系。联责计酬是把文化企业内部各个方面的经济责任与其物质利益直接结合起来的奖励制度或劳动报酬制度,它是实行经济核算制度的关键内容,没有联系报酬的经济责任、就缺乏完成任务的内部动力。上述文化企业经济核算制度的 4 个方面是互相联系、互相制约的。无论任何一方面,都必须以其他 3 个方面的完善为自身完善的条件。

从目前我同文化事业单价经济核算的实践看,首先把责任转化为一些可以衡量的指标,加工作量等,然后把各个环比和个人的工作通过一定的折算方法变成统一的责任指标,再把统一的责任指标与经济权限、经济利益相联系。因此,文化事业单位的经济核算,除了制订计划外,应该以对工作的评价和折算方法为基础,在这一基础上进行经济权的对应和经济利益的挂钩。文化事业单位的经济核算包括:

①对文化活动消耗的核算。文化活动的物质消耗包括各种材料、燃料、人才

和服务设施的消耗。消耗核算的目的,就是在参照同行和历史的基础上,达到消耗的最低化。消耗核算还可以分为物化劳动消耗核算和活劳动消耗核算。物化劳动消耗核算是对文化活动过程中所消耗的设备、设施、材料进行记录和对比,在可能的情况下实行定额化。活劳动消耗核算是为了在有效的工作量制度下提高劳动产出率,降低活劳动的消耗。为此,一方面要充分利用规定的工作时间,提高工时利用率;另一方面通过实行按劳分配原则,以提高劳动效率。

②对文化活动效果的核算。由于文化活动及其效果的复杂性,文化效果很难和企业经营效果一样,统一于一个明确的指标。但是在长期的文化活动中,人们对各种文化活动总是可以寻找到一个具有可操作性的效果指标。文化活动效果的核算,不仅适用于文化企业,而且在文化事业单位中同样需要。对文化企业效果的核算应以营业收入和利润为主。

这两项指标可以综合反映企业经营的情况。少部分文化事业单位可以核算经济收益,通常把工作量的核算作为效果核算的重要指标。

10.2.2 文化产业的经济核算

根据文化产业发展报告相关数据显示,2014 年文化及相关产业增加值构成中:文化制造业占比41.4%,增加值为 9 913 亿元;文化服务业占比48.6%,增加值为 11 641 亿元;文化批发零售业占比 10%,增加值为 2 386 亿元。而截至2013 年,文化产业法人单位91.8 万户,从业人员(不含个体户)1 760 万人,资产总额超过 10 万亿元,主营收入为 8.26 万亿元。

表 10.1　文化产业统计的主要指标

	2004 年	2008 年	2013 年
法人单位数(万个)	31.79	46.08	91.85
从业人员(万人)	873.26	1 008.22	1 759.99
资产总计(亿元)	18 316.60	27 486.60	103 407.10
主营收入(亿元)	16 225.20	26 802.20	82 610.98
增加值(亿元)	3 440.00	7 630.00	20 081.00

数据来源:根据《中国文化及相关产业统计年鉴:2013》(中国统计出版社 2013 年 12 月)和 3 次全国经济普查数据汇总测算。

在 2003—2010 年 8 年时间里,文化产业增加值就突破了万亿元,成为国民经济新的增长点,这在产业发展史上是个奇迹。2010 年是个分水岭,以前年份文化产业增加值的年均增量在千亿元上下,但以后年份的年均增量超过了2 000亿元,分别为2 266亿元(2010年),2 427亿元(2011年),2 555亿元(2012年)和3 901亿元(2013年)。再从占GDP的比重看,2004年只有2.15%,到2011年超过3%,达3.28%,2012年为3.48%,2013年为3.42%。文化产业在国民经济发展中的地位已经举足轻重。

2004年和2013年的相关数据对比可见,2004年,文化内容生产、文化生产服务和文化消费终端制造3个类别的从业人员过百万人,资产总额分别超过2 000亿元。2013年,除文化装备制造外,其余5个类别的从业人员均已超过百万人,其中,为国民经济服务的生产性文化服务增幅最大、接近5倍,文化生产服务从业人员最多,达到420.52万人,比2004年增加了1.19倍。从产出看,反映市场规模的主营收入和反映综合效益的增加值两大指标,文化产业各类别2013年比2004年均有长足发展,文化内容生产、文化生产服务和文化消费终端制造的主营收入在2013年均突破万亿元大关,生产性文化服务的主营收入也接近万亿元。除文化装备制造外,其余5个类别2013年的增加值均已超过2 000亿元,其中文化生产服务突破5 000亿元,达到5 372.31亿元,文化内容生产接近5 000亿元,达到4 971.36亿元。特别令人欣喜的是,为国民经济服务的生产性文化服务的增加值增幅最大,2013年比2004年增长了14倍。综合投入和产出,2004年至2013年的10年间,文化产业各类别呈现竞相增长的良好态势。

"文化产业"就是以提高社会效益为最终目标,以盈利为最终目的,以市场为主要发展机制,从事文化产品(包括物质文化产品和非物质文化服务)生产活动,满足人们精神和文化需求的部门。从综合要素生产率的角度对文化产业经济效益的测算方法进行探讨,集中核算如下4个变量(张卫红,1999)。

1)文化产业综合要素生产率的测定

文化产业综合要素生产率是反映文化产业产出与投入关系的比率,它体现为文化产业不同生产规模综合要素生产率的加权平均。具体地说,就是平均单位综合投入所创造的增加值。

2)文化产业规模经济变动所带来的经济效益的测定

文化产业规模经济变动所带来的经济效益可用来反映一定时期内由于文化产业规模变化对综合要素生产率的决定部分,说明规模经济结构变动所带来的经济效益。规模经济变动所带来的经济效益与综合要素生产率为对应关系,即在综合要素生产率的基础上扣除规模要素不变部分经济效益为规模经济变动所带来的经济效益。

一般而言,从文化产业个别企业来看,生产规模的扩大,有利于生产消耗和成本的降低,从而提高企业的经济效益。在一定时期内,当文化产业的企业结构向较高的生产规模方向变动,即当大生产规模的企业比重上升,就会促进整个文化产业经济效益水平的提高;反之,当小生产规模的企业比重上升,就会导致整个文化产业经济效益水平的下降。

3)文化产业生产要素替代所带来的经济效益的测定

文化产业生产要素替代所带来的经济效益可用来反映一定时期内由于文化产业生产要素替代对综合要素生产率的决定部分。从一般发展趋势来看,随着科学技术的发展,资金有机构成的不断提高,文化产业科技含量日益增大,其资金技术将不断替代劳动力,这必然会促进文化产业整体经济效益的提高。

4)文化产业微观经济效益水平的测定

变动所带来的经济效益的测定文化产业微观经济效益水平变动所带来的经济效益可以反映文化产业微观经济效益变化对综合要素生产率的决定部分,一般而言,当大型生产规模的文化产业比重上升,先进技术替代文化产业劳动力,文化产业微观经济效益普遍提高,必然带来整个文化产业综合要素生产率的大幅度提高。

第11章 文化经济管理与文化产业政策

文化经济被誉为21世纪的黄金产业,世界文化经济的发展已经形成不可阻挡之势。新中国成立以来,我国的文化经济管理及文化产业政策发展的基本路径与整个国家的政治与经济体制相吻合,从计划管理调控机制向政府引导与市场调节相结合演变,体现了从自发到自觉,从封闭到开放,从单一到多元,从计划到市场的转变,在这些变革中,政府职能逐步转变到合理的范围,文化市场主体越来越活跃,更开放,更有序,更具竞争的文化市场体系正在形成。梳理我国文化经济管理体制的演变以及文化产业政策,有助于更好地处理文化经济发展中政府与市场的关系:一方面,政府这只"无形的手"通过改革管理体制和制定科学的政策发挥积极的作用;另一方面,充分发挥市场的作用,在优胜劣汰的市场机制中锻炼文化企业,提升文化产品质量,促进我国文化经济的繁荣和壮大。

11.1 我国文化经济管理体制

文化经济管理体制是在文化经济运动和发展中产生的,它既是文化经济运动发展到一定阶段的结果,也是促进和影响文化经济运动和发展的因素之一。我国文化经济管理体制经过长时间的改革,已经逐步在适应文化生产力发展和文化体制改革的需要,但仍需进一步深化与创新。

11.1.1 文化经济管理体制的含义

文化经济管理体制是指政府对于文化经济实施管理的组织制度体系,是文化经济管理关系的制度化、规范化,涉及文化经济活动的组织形式、管理机构的设置、管理权限的划分、管理调节的手段、经济利益的调整等方面。文化经济管理体制有广义和狭义之分。广义的文化经济管理体制包括文化经济的宏观管理体制和微观经营管理机制;狭义的文化经济管理体制指文化经济的宏观管理体制。本章基于狭义的文化经济管理体制做进一步分析阐述。

就文化经济管理体制而言,国际上形成了3种具有代表性的模式:以日本为代表的中央集权或政府主导的模式,以美国为代表的民间主导模式,以英国为代表的政府与民间共建的分权化模式。新中国建立后,我国在长期的计划经济体制中形成的是中央集权或政府主导的模式。

11.1.2 我国文化管理经济管理体制的历史沿革

经济基础决定上层建筑。自新中国建立以来,我国的文化经济管理体制沿着由计划到市场、由微观管理到宏观调控的路径,不断改革与创新,发生了巨大变化,主要经历了计划经济下的管理体制(1949—1978 年)和市场经济下的管理体制(1978 年至今)两大阶段。

1)计划经济下的管理体制(1949—1978 年)

新中国成立初期到党的十一届三中全会前,国家采取高度集中的文化经济管理体制。主要特点有:

①文化管理机构基本建立。中央层面设立了文化部、新华社、广播事业局、外文出版发行事业局、国家出版事业局、国家文物管理局等,地方也相应设立了文化管理机构。

②管理方式上,主要采取行政干预、行政命令的方式,对文化经济活动进行直接的领导和微观管理,政府集"管文化"与"办文化"的角色一身。文化生产组织属事业组织,由国家财政供养,文化生产没有经营意识,完全听命于政府计划。

③管理效果上,文化生产主体缺乏经济自主权,工作人员过多,流动性差,国家财政负担重。文化市场数量有限,发展受到抑制。文化活动的市场竞争差,文化产品类型单一,质量提高慢。

2)市场经济下的管理体制(1978 年至今)

十一届三中全会以后,市场经济蓬勃发展,文化生产力迅速提高,我国传统文化经济管理体制的弊端日益凸显,在市场的倒闭下不断发生变革。梳理近30年的变革历程,可以再细分成 3 个阶段。

（1）1978—1992 年

文化经济管理体制改革拉开序幕。1979 年 10 月,中国文学艺术工作者第四次代表大会提出了新时期我国文学艺术发展的一系列指导方针,开启了文化经济管理体制改革的序幕。1989 年国务院批准文化部设立文化市场管理局,标志全国文化市场管理体系的建立。国家开始放开对文化市场主体的限制,一些文化事业单位开始企业化,经营一些社会效益和经济效益明显的文化行业。

（2）1993—2002 年

文化经济管理体制改革的深化,文化经济管理方式由直接管理向间接管理全面过渡。文化管理部门加大自身改革力度,转变政府职能,打破传统的国家对文化单位、文化经济活动统包统管的方式,转向利用法律、经济的手段对文化经济实施宏观的管理,制定了一系列文化经济活动的法律法规和规范性文件。《著作权法》《广播电视管理条例》《电影管理条例》《出版管理条例》《音像制品管理条例》等相继出台,文化领域的法规框架初步形成。文化投融资方面,变革单一的财政全额投入,文化投资门槛逐步放开,社会资本、民间资本进入文化市场。例如,在文化艺术、音像、娱乐、出版上,1997 年国有文化部门创办的文化经营单位占总数的 10% 左右,非国有文化部门创办的文化经营单位占总数的88.6% 。

（3）2003 年至今

文化经济管理体制取得重大突破。十六大以后,我国文化经济管理体制的步伐明显加快。2003 年起在北京、重庆等 9 个城市、39 个文化单位实施文化体制改革试点。2011 年 10 月党的十七届六次会议通过了《关于深化文化体制改革、推动社会主义文化大发展大繁荣若干重大问题的决定》,明确了文化体制(包括文化管理体制)改革的方向、目标和举措。2012 年,党的十八大报告再次对文化大发展大繁荣做出部署。这两个文件的出台,将文化经济管理体制改革推上了快车道。2013 年国务院新一轮机构改革,整合国家新闻出版总署、国家广播电影电视总局,组建了国家新闻出版广电总局,标志着大文化管理体制迈出了关键的一步。同时,国务院决定取消、下放一批文化领域审批事项,提出进一步加大改革力度,推进文化体制机制创新,要让市场在资源配置中起决定性作用。

总结 30 余年的改革进程,我国文化经济管理体制改革取得了明显成就。

①政府职能逐步理顺。文化管理"大部制"初见成效,政府职能进一步明确

和优化,职责交叉、职责缺位等问题正在减少。政府部门与市场的关系逐步理顺,朝着政企分开、政事分开、管办分开的科学格局发展。政府政策制定、宏观调节、市场监管、公共服务的能力明显提升。

②文化经济调节手段逐步由单一的行政手段向法律手段、经济手段过渡。文化立法取得了长足进步,文化领域法律法规相继出台,文化法律体系初步建立,文化综合执法体制在全国普遍形成。有关文化的税收、补贴、信贷等政策逐步完善,对文化经济调节发挥了越来越重要的作用。

③文化市场主体和市场体系逐步形成。一批国有文化事业单位改制成企业,加入市场竞争。如中国出版集团改制为企业,北京歌舞团改制为股份公司,各地纷纷合并新闻单位,组建企业性质的报业集团。同时,社会资本进入文化领域,大量民营的中、小型文化企业如雨后春笋般产生,如广告公司、唱片公司、剧社、拍卖公司,甚至出现了民营的博物馆等。在政策引导下,文化行业组织、社会组织也得到培育和发展。文化市场方面,各类文化产品市场、文化要素市场出现,文化消费成为新的热点。

11.1.3　我国文化经济管理体制的改革与创新

1) 文化经济管理体制改革与创新的理论依据

文化经济管理体制本质上是一套制度体系。而任何制度体系发展过程中都会出现路径依赖现象。即一种制度一旦形成,不管是否有效,都会在一定时期内持续存在并影响其后的制度选择,就好像进入一种特定的"路径",制度变迁只能按照这种路径走下去。路径依赖问题在我国文化经济管理体制的改革中的主要表现是:在改革中政府仍然扮演强势干预角色。十六大以后文化经济管理体制改革的突飞猛进,是在政府力量强势推动下,自上而下地改革,而不是按照市场意志来推进改革,在一定程度上背离了文化经济活动的规律,为下一步改革带来不确定性。

2) 文化经济管理体制改革与创新的环境原因

文化经济管理体制与一国的政治体制、经济体制是互相联系,互相协调发展的。由于中国经济社会总体上处于从计划经济到市场经济的转型期,政治体制、经济体制和文化体制改革尚未完全尘埃落定,明显带有转型期的特征,发展路径甚至不可避免出现"试错"的情形。这种大环境下,文化经济管理体制的改革不可能一蹴而就,而是一个漫长的、渐进的过程。

3)文化经济管理体制改革的实践原因

我国文化经济管理体制改革虽然取得了一定成绩,但距离市场经济的要求还有一段距离,一些问题尚未提出,一些问题虽然有所触及但没有根本解决。总体来讲,现行文化经济管理体制存在3个不适应:与全面建设小康社会的目标任务不相适应,与进一步扩大对外开放的形式不相适应,与新技术的发展应用不相适应。

4)我国文化经济管理体制改革的方向

(1)进一步转变政府职能

政府文化管理职能需要完成3个转变。首先,弱化政府的微观干预职能。政府要转变角色,从"全能型政府"转向"有限政府",从"办文化"转向"管文化"。切实减少行政审批,程序复杂的行政审批极大地束缚了文化生产力的发展,除了关系国家安全的那部分文化必须牢牢控制在政府手中外,其他部门都交给社会去办,交给市场去办。其次,强化政府的宏观调控职能。更多地运用经济手段、法律手段,引导社会投资流动方向,抑制无序竞争,优化文化产业格局。最后,强化文化服务职能。政府为文化产业发展构筑合理的竞争平台、文化产品生产和经营的平台,提供和发布文化信息,规范文化市场秩序,让企业在平等的平台上充分竞争发展。政府要构建公共文化服务体系,提供公共文化产品和服务。特别是对西部地区、农村地区的公共文化投入,实现公共文化基础设施建设的均衡化,公共文化服务的均等化。

(2)培育充满活力的文化市场主体

科学划分文化事业单位和文化企业单位,实施分类管理。国家兴办的图书馆、博物馆、文化馆、科技馆等提供公共服务的单位为公益性文化事业单位。党报、党刊、电台、电视台、国家艺术团等承担政治性、公益性任务的单位,实行事业体制,由国家重点扶持。其他艺术院团、出版单位、电影制片厂、电视剧制作单位等文化经营单位,应当转制为企业,实行公司法人制,明晰产权、重组结构、自负盈亏,充分加入国内和国际竞争。对于公益性文化生产活动,以增加投入、转换机制、增强活力、改善服务为重点;对于经营性文化生产活动,以创新体制、面向市场、增强活力为重点。

（3）健全文化市场体系

健全的文化市场体系包括文化产品市场、文化服务市场和文化要素市场。

①健全文化产品市场和文化服务市场。重点培育展图书报刊、电子音像制品、演出娱乐、影视剧、动漫游戏等产品市场，以及电子商务市场、文化艺术品拍卖市场等服务市场，并形成一定的规模和档次，促进文化资源在全国范围内自由流动。进一步完善中国国际文化产业博览交易会等综合交易平台，提高文化开放水平。

②加强文化要素市场建设。使文化经济活动的资本、人才、产权、版权、信息、技术都进入市场，并自由流通。文化要素市场是实现市场配置文化资源的重要平台，文化要素市场发展成熟后，政府自然从"办文化"向"管文化"转变。

（4）完善现代流通体制

培育开放、有序、竞争的文化市场体系，需要完善的现代流通体制。要发展连锁经营、物流配送、电子商务等现代流通组织和流通形式，加快建设大型文化流通企业和文化产品物流基地，构建以大城市为中心、中小城市相配套、贯通城乡的文化产品流通网络。

11.2　文化产业政策

文化产业政策是指导文化产业发展的相关制度规范的总和。因为调整对象的特定性，文化产业政策具有鲜明的特征。文化产业政策除了弥补市场失灵外，还具有激励、约束和规范文化产业发展，保卫国家文化及经济安全等功能。

11.2.1　文化产业政策的含义

自人类社会产生以来，文化行为就存在。早期的人类文化行为带有明显的自发性，对其约束的规则来自两个方面：统治者和聚居群体。统治者主要从维护统治的稳定出发制定一些规则制度。而聚居群体（宗族、部落、民族等）往往会有一些关于文化活动的约定俗成。可以观察到的事实表明，文化因素对经济发展的影响越来越明显，国家为了实现一定的政治或者经济任务，需要对文化的生产、消费、交易行为制定系统的规则。

对于这类规则，现有研究成果缺乏标准的称谓。普遍的称谓有"文化经济政策"和"文化产业政策"。两者关注的角度有所不同，"文化经济政策"强调政策的经济属性,"文化产业政策"更多强调一整套规范的政策系统,后者研究的范畴更大,故本章采取"文化产业政策"的说法。

基于对历史和现实的考察,文化产业政策可以界定为:一国政府根据国民经济发展的需求和文化产业发展客观规律,以市场机制为基础,规划、引导和干预文化产业形成和发展的制度体系。文化产业政策集中反映了国家文化意志和文化利益的经济取向,具有双重导向性、管制与规范的兼容性,用以引导文化产业结构调整和规范文化企业市场行为。

为进一步分析文化产业政策的特征、分类、功能和内容体系,下面不完全列举2005—2013年我国发布的文化产业政策,后面篇章中的内容均可对应表11.1增进理解。

表11.1 2005—2013年至今我国主要文化产业政策

发布时间	政策名称	发布部门
2005年	关于鼓励、支持和引导非公有制经济发展文化产业的意见	国务院
2005年	关于非公有资本进入文化产业的若干决定	国务院
2005年	关于进一步加强和改进文化产品和服务出口工作的意见	国务院
2005年	关于文化体制改革中经营性文化事业单位转制为企业的若干税收政策问题的通知	财政部、海关总署、国家税务总局
2005年	关于文化体制改革试点中支持文化产业发展若干税收政策问题的通知	财政部、海关总署、国家税务总局
2005年	关于印刷少数民族文字出版物增值税政策的通知	财政部、国家税务总局
2005年	关于广播电视有线数字付费频道业务征收营业税问题的通知	国家税务总局
2005年	关于文化领域引进外资的若干意见	文化部
2006年	关于进一步支持文化事业发展若干经济政策的通知	国务院
2006年	关于深化文化体制改革的若干意见	国务院
2006年	国家"十一五"时期文化发展规划纲要	国务院
2006年	关于宣传文化增值税和营业税优惠政策的通知	财政部、国家税务总局
2006年	关于促进国产音像制品出口的通知	文化部、商务部等
2006年	关于鼓励和支持文化产品和服务出口的若干政策	财政部等

续表

发布时间	政策名称	发布部门
2007 年	文化标准化中长期发展规划(2007—2020 年)	文化部
2007 年	文化产业振兴规划	文化部
2007 年	关于鼓励数字电视产业发展若干政策的通知	国务院
2009 年	关于深化国有文艺演出院团体制改革的若干意见	文化部
2009 年	关于文化体制改革中经营性文化事业单位转制为企业若干税收优惠政策问题的通知	财政部
2009 年	关于支持文化企业发展若干税收政策问题的通知	财政部
2009 年	关于继续执行宣传文化增值税和营业税优惠政策的通知	财政部
2009 年	关于深化中央各部门各单位出版社体制改革的意见	中宣部、文化部
2009 年	关于进一步推进新闻出版体制改革的指导意见	新闻出版总署
2009 年	关于扶持动漫产业发展有关税收政策问题的通知	财政部、国家税务总局
2010 年	关于金融支持文化产业振兴和发展繁荣的指导意见	人民银行、中宣部等
2010 年	关于新办文化企业所得税有关政策问题的通知	国家税务总局
2011 年	关于营业税改征增值税试点中文化事业建设费征收有关问题的通知	财政部
2011 年	关于承印境外图书增值税适用税率问题的公告	国家税务总局
2011 年	关于继续执行宣传文化增值税和营业税优惠政策的通知	财政部、国家税务总局
2012 年	关于印发《中央文化企业国有资产评估管理暂行办法》的通知	财政部
2012 年	国家"十二五"时期文化改革发展规划纲要	国务院
2012 年	"十二五"时期文化产业倍增计划	文化部
2013 年	关于加强中央文化企业国有产权转让管理的通知	财政部
2013 年	关于印发《中央文化企业国有产权交易操作规则》的通知	财政部
2013 年	关于印发《中央补助地方博物馆纪念馆免费开放专项资金管理办法》的通知	财政部
2013 年	关于印发《中央补助地方美术馆公共图书馆文化馆(站)免费开放专项资金管理办法》的通知	财政部
2013 年	关于印发《国家重点文物保护专项资金管理办法》的通知	财政部

发布时间	政策名称	发布部门
2013 年	关于营业税改征增值税试点有关文化事业建设费征收管理问题的通知	财政部
2013 年	关于支持转企改制国有文艺院团改革发展的指导意见	文化部、组织部等

11.2.2 文化产业政策的特征

文化产业政策作为国家政策体系的一部分,与其他政策相比具有共同性——由政府制定,代表统治阶级意识,执行具有强制性等。此外,它还具备鲜明的特征。

1)体系复杂性

文化产业政策是一个复杂的政策体系,包含多层次、多方面的内容。宏观层次上,主要是改善一般的外部环境,如完善文化基础设施、发展科学技术等;中观层次上,主要协调产业结构,如培育新兴产业、引导产业布局等;微观层次上,主要是规范市场主体行为,维护市场秩序。由于文化产业政策涉及国民收入分配、税收、信贷等多方面的内容,其制定和执行主体不仅仅是文化管理部门,还涉及诸多其他的部门,主要有财政、税务、海关、工商、金融、保险、旅游、体育等部门。

2)行业性

文化产业是个综合性产业,包括各种行业,产品更是千差万别。文化产业内部结构的复杂性和文化产品属性的多样性,要求制定政策时既要有总的政策要求,又要考虑不同的行业和产品特点,区别对待,而不是"一刀切"。对于盈利性的文化活动,在必要的监管下,充分发挥市场机制优胜劣汰的作用;而对于公益性文化活动,则采取必要的经济资助和倾斜政策,使他们获得应有的生存条件。对于意识形态性很强的文化领域,政府加强领导,严格把关;对于意识形态性不强的文化领域,可以放开发展。

3)关联性

关联性是指一个系统内各个子系统之间以及子系统的各要素之间相互关系的总和,系统中任何一个子系统或要素的变化都会导致系统的变化。文化产业政策不是孤立的一个或者两个,而是由若干政策组成的政策群,不同时期有不同的文化产业政策群,同一时期也会有不同的文化产业政策群。这些政策的关联性表现在历时态文化产业政策的连续性和共时态文化产业政策的融合性。从表11.1中可见,2005—2013年我国陆续制定了若干关于文化事业单位改革的政策,前后政策在内容上有一定的连续性和承继性。2009年出台了几个关于文化产业税收优惠的政策,各自内容上互相衔接和融合。

11.2.3 文化产业政策的分类

文化产业政策按照不同的标准可以分为不同的种类。

按发布单位和效力范围,可分为国家文化产业政策和地方文化产业政策。国家文化产业政策由国务院或者其他部委制发,在全国范围内普遍适用。表11.1中所列的全部为国家文化产业政策。地方文化产业政策由地方政府或者部门制定,在一定地域范围内适用,如江苏省《关于加快文化事业和产业发展的若干经济政策》。

按照文化产业政策的客体,分为支持保障公益文化事业发展的政策和扶持促进文化产业发展的政策。前者主要包括:财政投入政策、专项资金政策、税收政策、文化事业建设费政策、捐赠政策、公共文化设施建设政策、新农村文化建设政策等。如表11.1中国家重点文物保护专项资金政策,中央补助地方博物馆纪念馆免费开放专项资金政策。后者主要包括市场准入政策、扶持引导政策、投融资政策、税收及价格政策等。表11.1中《关于非公有资本进入文化产业的若干决定》《关于支持文化企业发展若干税收政策问题的通知》即属于此类。

按照主要内容,可分为财政政策、投融资政策、税收政策、贸易政策、社会保障政策等。

11.2.4 文化产业政策的功能

1) 弥补市场失灵

弥补市场失灵是文化产业政策最普遍、最重要的功能。市场机制主要通过价格机制对文化资源进行配置。但市场并不是万能的,某些因素会导致市场带有自发性和盲目性,这时候就要求国家制定政策干预。文化产品和服务的某些特性使得文化艺术市场的失灵现象更为突出,主要包括垄断、信息不对称、公共品、外部性。

垄断。垄断达到一定规模足以控制市场价格时,市场竞争就会趋于崩溃。

大多数文化产品具有垄断的特征。绘画作品有很多,但是梵·高的《向日葵》却是独一无二的,其复制品的价值与真品相比有天壤之别,这些文化产品的拥有者都是垄断者。另外,艺术机构也经常实施垄断经营,一个城市或者地区,歌舞团、歌剧院、出版集团往往只有一个。

信息不对称。价格机制发挥作用的前提之一是——所有文化市场的参与者都充分、平等地了解文化产品和服务的信息。实际上这个前提难以满足。这是因为:一般来讲,产品的卖方比消费者更多地了解产品的质量等信息,文化艺术市场也不例外。其次,某些文化产品的价值只有专业人士才知晓,像字画、古玩和高雅艺术。最后,文化产品和服务属于典型的"体验式产品",消费者需要消费后才能准确判断其质量。一本书价值如何,是否符合消费需求,只有读了才知道,看电影、看演出、旅游等都具有这个特征。

公共品。公共品指消费的受益范围大于一个人或者一个厂商的物品。公共品具有非竞争性和非排他性,因此违背了完全竞争市场的假设条件。文化艺术产品属于比较特殊的准公共品,其公共性表现在:第一,受益的非排他性。享有它的文化价值的人类群体非常广泛,比如一个地区、一个国家或民族,甚至全人类,一个人享受这些物品,并不排斥、妨碍其他人同时享用。第二,消费的非竞争性。社会成员享用公共文化一视同仁,享受的具体内容、范围和质量都不受市场条件变动的影响。

外部性。文化产品总会反映出一定的政治倾向和价值理念,在文化消费中不知不觉地向消费者传递和渗透文化产品所包含的价值取向和人生观念等,从而具有广泛的外部性。其外部性分为正外部性和负外部性。正外部性表现在满足居民多方面的需求,增加居民福利和提高劳动者素质方面;负外部性表现在消费倾向错位、降低社会福利和引发犯罪等方面。

2)加速文化产业发展

文化产业政策是一种实质上的"供给管理政策",对于文化产业的发展会起到加速的作用,尤其是在我国当前文化产业比较薄弱的情况下,文化产业政策的制定本身就反映出政府的重视。通过制定市场准入政策,促使更多的资本流向文化产业,加快产业的发展速度。通过制定税收优惠政策,降低企业经营成本,提高文化产业的经济效益。以文化产业政策为手段,运用政府的力量推动文化产业结构优化,扶持新兴业态和中小型企业,激励文化企业技术创新,最终推动文化产业的升级和做大做强,是东亚地区和日、韩等国家成功的实践经验。

3)规范文化市场竞争秩序

文化产业政策的功能既体现在对文化产业发展的激励上,也体现在约束和规范上。文化产业发展缺乏竞争固然是一潭死水,而过度竞争、无序竞争同样严重损害文化产业的健康发展。如何维护正常的市场竞争秩序,建立一个统一、开放、有序竞争的文化市场,是我国文化产业政策的重要目标。

4)保护国家文化安全

世界多极化、经济全球化深入发展,各种思想文化交流交融交锋更加频繁,这既给我们带来机遇,也给我们带来严峻的考验。发达国家利用经济上和科技上的巨大优势,力图形成文化上的优势,使其他文化成为其依附。各国纷纷以文化产业政策为武器,趋利避害,维护国家文化安全乃至经济安全。一是合理开发和有效保护本国历史文化资源,保证其不在开发利用中受到损坏、歪曲和流失。文化资源是一国文化产业存在和发展的前提条件,保护文化资源意义重大,但这项工作单纯靠企业运作和市场调节是不够的。二是防止外来文化的侵蚀。文化具有一个特性,就是某种文化占据主导地位以后会排斥其他文化的发展。因此,政府通过产业政策对外来文化产品和服务实行数量和内容上的限制。

11.3　公共支持与捐赠

文化产业发展的支撑来源可分为 3 类:第一,企业自身的经营收入和融资;第二,政府的各种补贴与支持;第三,社会的捐赠。政府公共支持和社会捐赠都是来自于外部的支持,两者在文化发展的支撑地位随着经济发展有所变化,总的趋势上,政府公共支持侧重于公益性文化事业,社会捐赠的规模和影响越来越大。

11.3.1　公共支持

在政府、企业、社会组织构成的"三元"构架中,政府处于主导地位,承担着构架文化产业发展公共支持体系的责任。公共支持的形式可以分为直接资金支持、义务免除、投融资引导、扶持对外贸易、社会保障。

1）直接资金支持

（1）预算支出

各级政府将文化产业的发展规划纳入当地国民经济和社会发展总体规划中,在财政预算中统筹安排支出,并随着财政收入的增长逐渐增加。以重庆为例,2011年全市文化体育支出30.8亿元,增长28.3%。2012年全市文化体育支出32.4亿元,增长9.4%。其中,安排2.3亿元,继续推进公益性文化场馆向社会免费开放。安排3.1亿元,支持文艺院团转制、文艺精品打造和广电网络整合,推动文化产业园区建设,促进文化产业发展。安排1.1亿元,支持大足石刻、合川钓鱼城及抗战遗址、三峡库区文物抢救、发掘与保护。落实1亿元,支持备战第十二届全国运动会、举办第四届全市运动会,推进乡镇健身广场、村级农体工程、社区健身路径及登山步道建设,完善体育公共服务功能,丰富群众文化体育生活。

（2）文化事业建设费

文化事业建设费是对广告、娱乐行业开征的一种规费,自从1997年1月起,在全国范围内各种营业性的歌厅、舞厅、卡拉OK歌舞厅、音乐茶座和高尔夫、台球、保龄球等娱乐场所,按营业收入的3%缴纳文化事业建设费;广播电台、电视台和报纸、刊物等广告媒介单位以及户外广告经营单位,按经营收入的3%缴纳文化事业建设费。由国家税务局在征收增值税时一并征收。文化事业建设费纳入财政预算管理,建立专项资金,专门用于文化事业建设。

（3）专项资金

国家和地方政府建立了一系列扶持文化产业的专项资金。专项资金的来源为财政预算和按国家有关规定批准的收费等预算外资金,主要用于支持公益性文化活动,国家大力扶助的文化产业,少数具有示范性和民族特色的艺术团体,农村文化设施建设等。

国家设立的专项资金有"宣传文化发展专项资金""优秀剧(节)目创作演出专项资金""国家电影事业发展专项资金""出版发展专项资金""博物馆等场馆免费开放的专项补助资金""重点文物保护专项资金"等。

2）义务免除

政府为维持正常的运转,对个人、企业和社会进行必要的税收和强制性公共义务。为支持文化产业的发展,各国政府普遍对文化生产经营活动主体给予税收和义务的部分免除。我国已经指定了若干文化税收优惠政策,这一内容在下一节税收让与制度中另行阐述。

3)投融资引导

政府鼓励、引导银行和社会资本进入文化产业和部门,促进文化产业的发展壮大。

市场准入方面,采取负面清单模式,允许非公有制经济以独资、合资、合作、联营、参股、特许经营等多种方式进入国家未禁止的文化产业领域。2005 年,文化部等五部委联合颁布的《关于文化领域引进外资的若干意见》,国务院《关于非公有资本进入文化产业的若干决定》等系列政策,对外资和非公有资本可以进入的文化领域和禁止进入的领域都做了详细规定。

信贷方面,金融机构在独立审贷的基础上,适当向文化产业倾斜,安排一定的政策性贷款用于发展新兴文化产业。针对文化领域开发多元化、多层次的信贷产品,包括应收账款质押、仓单质押、融资租赁贷款、商标权、专利权、著作权质押贷款等。灵活确定文化产业信贷的期限,对于列入国家规划重点支持的文化产业项目或企业,金融机构在有效防范风险的基础上可适当延长贷款期限。积极开发分期付款等消费信贷品种,扩大对文化娱乐产品等综合消费信贷投放。

融资方面。推动符合条件的文化企业上市融资,支持文化企业通过债券市场融资,鼓励风险投资基金、私募股权基金等风险偏好型投资者积极进入处于初创阶段、市场前景广阔的新兴文化业态。

4)对外贸易扶持

支持文化企业面向国际发展,到境外开拓市场。文化出口方面,简化出口审批手续,给予海关通关便利,制定一系列出口退税政策。对文化出口活动进行补贴,设立宣传文化发展专项资金、文化走出去专项资金、中小企业国际市场开拓资金等,用于资助电影和音像制品的翻译、外文配音和字幕的打印制作、重点出口图书的翻译,以及奖励开发国际文化市场成绩突出的企业,支持文化企业在境外参展、宣传推广、培训研讨和境外投标等市场开拓活动。

5)社会保障

教育、医疗、住房、养老、再就业等方面的社会保障与国计民生息息相关,是实现社会稳定的必要条件。国家正在逐步完善社会保障政策,力求建立一个完整的社会保障体系。在这一政策体系中,也涵盖了文化艺术领域从业人员的福利保障问题,对稳定文化产业从业队伍、调动文化生产活动的积极性有一定的作用。

11.3.2　捐赠

政府的公共支持并非文化发展的唯一依靠。随着经济的发展,越来越多的社会力量赞助和支持文化事业,捐赠是其中最主要的形式。

1)捐赠的主体

捐赠的主体包括个人、企业和慈善团体。这里主要说说个人捐赠和慈善团体捐赠。近年来涌现了不少个人捐赠者,不少海外侨胞、台胞同胞向大陆捐赠图书、文物,一些知名艺术家无偿捐赠自己的作品和藏品,甚至一些普通市民也向博物馆、档案馆捐赠资金或者物品,故宫博物院曾经专门举办过个人捐赠的文物展览,其中不乏稀世珍品。慈善团体中对文化捐赠的主要力量是公益性基金会,它们专门为文化事业筹集或保管资金,并对资金使用实施管理。我国已经建立了不少专注于文化事业的公益性基金会,如中华社会文化发展基金会、中国华夏文化遗产基金会、中国益民文化建设基金会、中国少数民族文化艺术基金会等。

2)捐赠的动机

各类主体向文化领域捐赠的动机是什么? 这是个值得思考的问题。经济理论不相信人性本善,而是假定每个主体极有可能采取行动实现自己的利益最大化。新制度经济学有一个基本假设前提"经济人假设",它认为人们的一切行为都表现为趋利避害,追求自身利益最大化。新制度经济学视野中的利益最大化不仅包括物质财富的最大化,也包括非物质财富的最大化。换言之,行为主体其追求的利益既包括金钱、资产等物质利益,也包括名誉、声望等精神方面的利益,这两个目标可能相互冲突,也可能相互补充而名利双收,行为主体自然会小心翼翼在两者之间取得平衡。近年国内学者又提出"互利型"的捐赠动机,认为当今世界大公司的捐助已经从他利型走向互利型。互利型捐赠将公司的位置置于与所有相关利益人建立的网络之内,捐助动机出于他利和自利的有机结合。实际上,两种理论都揭示一个共同要义——既能利己,又能利他,是行为主体实施捐赠的动机。

3）捐赠的条件

捐赠的发展与文化传统、社会格局、历史习惯、经济发展及制度保障都有关系。乐善好施是中华民族的美德,但纵观世界范围内,我国的捐赠文化发展却相当滞后,美国发展历史较短,属于多种文化融合的国家,其公益性基金会等捐赠主体的发展势头十分强劲,说明历史习惯和文化传统并非捐赠的首要条件,而经济发展和制度保障对捐赠的发展更具有直接的促进或者制约作用。

古话说"仓廪实而知礼节"。随着市场经济的发展以及对物质财富的追求,社会财富不断累积,面对巨额财富,部分富豪开始考虑如何"散财"。文化领域在人们心目中是一个高雅的领域,特别是公共文化体系面向广大群众提供服务,成为资助的对象自然不足奇怪。有研究者曾经罗列了纽约城48个机构的大捐赠者,结果发现其中82%以上都是《福布斯》杂志刊登的纽约最富有的美国人。我国经济经过30年的发展,已经为文化捐赠奠定了一定的物质基础。

经济发展使得各类主体有了捐赠的意愿,这种意愿的落实需要制度的保障。政府通过立法等手段建立一套完善的捐赠制度,包含明确的捐赠渠道和方式,捐赠组织的合法地位,捐赠物品和款项的使用监督,以及对于捐赠的税收激励等措施。目前,我国的捐赠制度体系很不完善,捐赠立法体系缺失,捐赠组织不规范,捐赠渠道不通畅等使得我国文化捐赠规模不大,民众捐赠参与率较低。

4）捐赠对文化的影响

（1）捐赠对于文化事业的影响

文化事业因其公益性质,主要依赖于政府投入获得生存。当前来看,文化事业量大面广,难免出现政府支持的"漏洞"。即便是能够获取支持的单位,尽管政府投入的总额每年逐步增加,平均到各个单位的数额实际很难支撑其发展,长久下去,部分文化事业要么萎缩,要么减少公共服务的时间转向营利性的活动。社会捐赠作为政府之外的另一种力量,能够弥补政府没有关注到的"漏洞"。社会捐赠不是普惠的而是选择性地投放,捐赠人比较关注捐赠财务的使用,有利于将资金用到刀刃上,刺激文化事业的创新,对于提升文化事业活力、促进文化事业繁荣具有积极的意义。

（2）捐赠对于文化产业的影响

营利性的文化产业也不乏捐赠,如艺术表演行业。捐赠收入常常与文化企业的规模和文化产品的质量相联系。实力雄厚的企业、产品质量较高的企业往往更容易获得捐赠,于是市场主体为了得到更多的捐赠,会努力竞争,提升实力,提供更高质量的产品和服务。另外,通过国家宣传和引导,社会捐赠更多地流向新兴产业、薄弱产业,在一定程度上对产业结构调整产生影响。

11.4　税收让与

税收是国家为满足社会公众需要,凭借公共权力,按照法定的标准,强制参与国民收入分配,无偿取得收入的一种特定分配方式。税收制度体现了国家与纳税人在利益分配上的特殊关系。一定时期内,国家为了扶持某种产业发展,通过税收减免等方式让渡一部分利益给纳税人,从而降低投资者的成本和风险,引导投资流向。我国已经建立了一些文化产业的税收让与制度,通过与其他国家和地区横向比较,可以获得完善我国文化产业税收让与制度的有益启示。

11.4.1　我国文化产业的税收让与

我国文化产业领域的税收让与主要包括差别税率和税收减免。

1) 差别税率

即对不同种类的文化事业和不同社会效益的文化产品和文化服务,实行不同的税率。差别税率以政府的文化导向为依据,对政府倡导扶持的农村文化,为少年儿童服务的文化,给予税率的优惠。如:文化体育业的营业税税率为3%,低于一般税目5%的税率;对销售图书、报纸、杂志、电子出版物和音像制品,征收13%的增值税,低于17%的基本税率;而对于营业性歌舞厅、夜总会等高消费、高利润行业,实行20%的税率,用于支持民族文化和高雅文化的发展。

2) 税收减免

(1)营业税减免

我国《营业税暂行条例》规定:纪念馆、博物馆、文化馆、美术馆、展览馆、书画院、图书馆、文物保护单位举办文化活动的门票收入,以及宗教场所举办文化活动门票收入,科普单位举办科普活动的门票收入免征营业税。

电视行业,为支持有线数字电视整体转换工作,自2010年1月1日起,3年内对有线数字电视基本收视维护费免征营业税。

电影行业,电影企业取得的销售电影拷贝收入、转让电影版权收入、电影发行收入以及在农村取得的电影放映收入免征营业税。国家电影事业发展专项资金管理委员会收取的国家电影事业发展专项资金,所收款项全部上缴财政的,免征营业税。

出版行业,对国家邮政局及其所属邮政单位党报党刊发行取得的收入免征营业税。

文化企业在境外演出从境外取得的收入免征营业税。境外单位向境内单位转让科普影视作品播映权取得的收入、个人转让著作权取得的收入,免征营业税。

(2)增值税减免

我国《增值税暂行条例》规定古旧图书销售免征增值税。

为鼓励文化事业单位改制改组,经营性文化事业单位转制为企业后一定时期内免征增值税。电影企业取得的销售电影拷贝收入、转让电影版权收入、电影发行收入以及在农村取得的电影放映收入免征增值税。

国家对特定出版物、印刷和制作业务,实行增值税按照100%或者50%的比例先征后返的政策。享受优惠的出版物包括:中小学课本、少数民族文字出版物、盲文出版物、专为老年人发行的报刊等。享受优惠的印刷或制作业务包括少数民族文字出版物的印刷或制作业务、新疆维吾尔自治区印刷企业的印刷业务等。

(3)所得税减免

企业所得税减免。经营性文化事业单位转制为企业,以及国家鼓励新办的文化企业,一定时期内免征企业所得税。在文化产业支撑技术等领域内的高新技术企业,按15%的税率征收企业所得税。文化企业开发新技术、新产品、新工艺发生的研究开发费用,允许按国家税法规定在计算应纳税所得额时加以扣除。对规定范围内的文化事业实施捐赠的,在缴纳企业所得税前扣除。

个人所得税减免。对规定范围内的科学、教育、技术、文化、卫生、体育等方面的奖金免征个人所得税。对个人取得的稿酬,适用比例税率,税率为20%,并按应纳税额减征30%。

(4)其他税收减免

关税减免。为生产重点文化产品而进口国内不能生产的自用设备及配套件等,按有关规定免征关税。

房产税、土地使用税减免。由财政部门拨付事业经费的文化事业单位转制为企业,一定时期内对其自用房产免征房产税。宗教寺庙、公园、名胜古迹自用的房产免纳房产税,自用的土地免缴土地使用税。

出口退税。出口图书、报纸、期刊、音像制品、电子出版物、电影电视完成片,按规定享受增值税出口退税。

11.4.2　其他国家文化产业的税收让与

欧美国家的文化产业发展较早,文化产业税收让与制度也比较成熟,对文化的繁荣起到了积极的推动作用,值得研究借鉴。下面介绍一些较为典型的制度。按照惠及对象可以将这些制度分为 3 类。

1) 文化产业从业人员所得税优惠

很多国家对文化所得收入直接减免。爱尔兰《艺术家所得税豁免法》规定,如果从事有文化价值和艺术价值的创意性和原创性工作,经过认定的艺术家年收入不超过 25 万英镑免征所得税,超过部分按正常税率减半征收。加拿大魁北克省规定艺术家年收入不足 2 万加元的,可就 1.5 万加元部分免征所得税,超过 2 万加元部分,每一个加元可以获得 1.5 加元的免税额,总免税额最高可达 3 万元。澳大利亚税法中也对艺术家等的纳税有特殊规定,以免他们在取得较高收入的年份适用较高的边际所得税率。

还有很多国家采取平均收入纳税法来降低文化产业人员各个年度收入不均衡而导致的税收优惠落空。特别是在创意产业,艺术家的年收入具有不确定性,在超额累进纳税率下,某年收入过高则可能承担较重的税负,若将艺术家一定年限内的平均所得作为应税所得进行征税,则纳税人能享受到更为有利的优惠。奥地利、德国、荷兰、英国、丹麦、希腊等都允许文化从业人员按年平均收入纳税,区别在于平均年限各不相同。

2) 特定区域的文化税收优惠

设置文化区域有助于吸引汇聚大批艺术家,从而形成区域产业优势。近年来,各国纷纷设立特别文化产业发展区域并给予优惠税收政策,根据美国艺术中心报告,100 多个美国城市正在或已经规划了文化区域。比较典型的有罗德岛免税文化区和马里兰小艺术发展及娱乐区。

罗德岛免税文化区设立于 1998 年,对岛上 9 个文化社区内工作生活的文化从业人员给予税后优惠,优惠措施包括:在区域内销售作品免征营业税;对于区域内的画廊、展厅免征营业税。这些政策刺激罗德岛文化产业取得巨大发展。马里兰是美国第一个在全州范围内对文化和娱乐业给予税收优惠的州。马里兰州文化机构(无论公益性或营利性)和从业人员在指定区域内享有以下优惠:销售艺术作品减税,艺术家居所和其他艺术建筑设施免征物业税,免征娱乐企业的娱乐税等。

3)文化行业税收优惠

政府采取减、免、缓、补等措施,使整个文化产业享受到优于其他产业的税收便利。

①对文化产品不予征税或者采取低税率。英国政府从未对图书、期刊、报纸增收过任何增值税,从而使出版物始终处于零税状态,这种激励措施使英国成为世界出版大国。意大利增值税正常税率为 20%,图书和报纸的增值税率只有 4%。德国正常的增值税率为 15%,但文化产品和版权收入的增值税率只有 7%。爱尔兰正常的增值税率为 21%,对销售艺术品收入、艺术展览门票收入适用 12.5% 的税率,对书刊销售和展览出版物、演出收入免征增值税。

②对文化产业实行税收抵免。美国有研发税收抵免,指的是将企业所得中的一定比例界定为研发费用从而不予征税。美国有 30 个州提供了研发税收抵免,抵免范围主要是技术领域和文化产业领域。英国在电影业实行税收抵免,对于电影在英国发生的制作费用进行一定额度的抵免,最高可达总预算的 80%。加拿大投资电影业的纳税人可以享受投资额 100% 的税收抵免。

③对特定文化企业免征所得税。美国夏威夷州颁布法令,符合特定条件按并经认证的文化企业免予缴纳所得税。其他国家和地区也有对特定企业的免税政策。

11.4.3 文化产业税收让与制度国际比较的启示

与国外市场经济国家相比,我国的文化产业税收让与制度尚不够健全,还具有过渡时期性质。适当借鉴别国做法,可以对完善我国文化产业税收让与制度带来一些启示。

①进一步减轻文化产品的货物和劳务税税率。比较而言,国外对报纸、期刊、书籍、电影等文化产品的增值税或销售税税率都很低,有的国家甚至免税,而

我国的文化产品增值税和营业税过高,可以适当减轻税率。

②对文化产业从业人员普适性税收优惠。文化产业的从业者,特别是作家、艺术家、编剧等创意者,收入波动性大,容易适用较高的边际税率。我国对于文化从业人员目前只有一个稿酬减征 30% 的规定,没有其他的税收鼓励措施,可以考虑对所有创意文化从业者的文化收入所得统一减征所得税。

③尝试文化区域税收优惠。建立文化产业园区,对园区内文化企业和人员减免所得税。实际上,我国有很多文化积淀很深的传统文化区,也有一些形成一定规模的现代文化产业区域,如北京的 798 工厂文化区、宋庄等,实施特定区域税收让与,将会进一步激发文化产业的发展。

④增强文化税收优惠的公平性。国家为鼓励文化事业单位转制为企业,出台了一系列税收优惠政策,同时,对党报党刊也有一定的税收优惠。这固然是从国情出发采取的措施,但其适用范围并不是所有文化企业,长远来看,不利于文化产业公平竞争,也不利于鼓励社会资本投资文化产业。可以将转制企业的税收优惠政策适用范围扩大到所有文化企业。

参考文献

CANKAO WENXIAN

[1] 马克思,恩格斯. 马克思恩格斯全集[M]. 北京:人民出版社,2006.

[2] 胡惠林,李康化. 文化经济学[M]. 太原:书海出版社,2006.

[3] 卡尔·马克思. 资本论[M]. 北京:人民出版社,2004.

[4] 朱光潜. 朱光潜美学文集[M]. 上海:上海文艺出版社,1982.

[5] 程恩富,顾钰民. 文化经济学[M]. 天津:南开大学出版社,2007.

[6] K.彼得·埃茨科恩,张洪模. 论音乐实践和社会群的社会学[J]. 国际社会科学杂志(中文版),1985(2).

[7] 颜士峰. 文化经济学[M]. 济南:山东大学出版社,2011.

[8] 刘吉发等. 文化产业学[M]. 北京:经济管理出版社,2005.

[9] 王雪野. 国际文化资本运营[M]. 北京:中国传媒大学出版社,2008.

[10] 许小丹,祝伟. 文明古国的文化消费如何迎来一次"井喷"? ——"百姓心中的文化民生之路"问卷调查解析(下)[J]. 半月谈,2012(7).

[11] 罗忻,黄永林. 我国文化消费存在的问题及引导对策研究[J]. 兰州大学学报:社会科学版,2013(1).

[12] 蒯大申. 上海蓝皮书:上海文化发展报告(2013)——加快建设国际文化大都市[M]. 北京:社会科学文献出版社,2013.

[13] 葛红兵,谢尚发,高翔. "载体·效应·潜力·提升——

2012 上海文化消费状况",上海文化发展报告(2013)——加快建设国际文化大都市[M].北京:社会科学文献出版社,2013.

[14] 李运祥.文化产业链的培育与优化研究——以湖南为例[J].中国集体经济,2009(4).

[15] 王志标.文化产业链设计[J].科学学研究,2007(2).

[16] 张良.实体性、规范性、信仰性:农村文化的三维性分析——基于湖北、安徽两省八县(区)的实证研究[J].中国农村观察,2010(2).

[17] 张裕.上海加快建立公共文化服务"十有"模式[N].文汇报,2012-09-26.

[18] 李书文,尹作升.文化产业化与传统文化资源的开发[J].社会科学研究,2004(3).

[19] 葛红兵,谢尚发.文化消费:文化产业振兴的根本问题——兼评 2009 年上海文化消费状况[J].科学发展,2009(12).

[20] 厉无畏,于雪梅.关于上海文化创意产业基地发展的思考[J].上海经济研究,2005(8).

[21] 顾江.文化产业经济学[M].南京:南京大学出版社,2007(6).

[22] 梁胜初.试论当代中国文化的供求关系[J].中共太原市委党校学报,2002(5).

[23] 郑大华.民国乡村建设运动[M].北京:社会科学文献出版社,2000.

[24] 费孝通.乡土中国[M].北京:北京出版社,2005.

[25] 王沪宁.当代中国村落家族文化[M].上海:上海人民出版社,1991.

[26] 韦政通.中国文化与现代生活[M].北京:中国人民大学出版社,2005.

[27] 徐友渔.社会转型期的精神文化定位[J].现代与传统,1996(1).

[28] 楚尔鸣,何恒远.基于网络经济的消费理论创新.中南大学学报[J].2003(4).

[29] 吴克宇.电视媒介经济学[M].北京:华夏出版社,2004.

[30] 傅华.论商品文化与价值传播(中)[J].商业时代,2008(12).

[31] 傅华.论商品文化与价值传播(下)[J].商业时代,2008(13).

[32] 毛倩倩,毛祖丰,钱海燕.基于农户调查的农村公共文化设施建设研究[J].理论探讨,2011(5).

[33] 刘如珍.当代农村公共文化产品供给新策略研究:以福建省农村为例[J].福建论坛,2009(9).

[34] 高鸿业.西方经济学(微观部分)[M].北京:中国人民大学出版社,2010.

[35] 纪丽萍.我国文化建设中的地方政府职能分解与重构[J].兰州学刊,2013(6).

[36] 董雪梅.全球化视野下我国政府文化管理职能转变研究[J].中国行政管理,2012(1).

[37] 解学芳.我国文化产业政策的关联性偏差及矫正[J].中共长春市委党校学报,2008(6).

[38] 江凌.近十年中国文化产业政策的基本类型分析[J].江南大学学报(人文社科版),2012(1).

[39] 郭玉军,李华成.欧美文化产业税收优惠法律制度及其对我国的启示[J].武汉大学学报,2012(1).

[40] 李本贵.促进文化产业发展的税收政策研究[J].税务研究,2010(7).

[41] 戴维·思罗斯.经济学与文化[M].王志标,张峥嵘,译.中国人民大学出版社,2011.

[42] 李义杰,媒介与文化资本——基于中国武术文化资源资本转换的研究[D].浙江大学博士论文,2012.

[43] 汪昌云,类承曜,谭松涛.投资学[M].2版.中国人民大学出版社,2013.

［44］高宗仁. 文化投资学［M］. 上海：上海文艺出版社,2005.

［45］孙连才. 文化产业教程［M］. 北京：中国传媒大学出版社,2012.

［46］蔡尚伟. 文化产业导论［M］. 上海：复旦大学出版社,2006.

［47］薛晓源. 前沿问题,前沿思考：当代西方学术前沿问题追踪与探询［M］. 上海：华东师范大学出版社,2005.

［48］薛晓源,曹荣湘. 全球化与文化资本［M］. 北京：社会科学文献出版社,2005.

［49］李怀亮. 文化巨无霸——当代美国文化产业研究［M］. 广州：广东人民出版社,2005.

［50］李思屈. 文化产业概论［M］. 杭州：浙江大学出版社,2007.

［51］贾旭东. 文化产业金融政策研究［J］. 福建论坛,2010(6).

［52］祁述裕. 中国文化产业国际竞争力报告［M］. 北京：社会科学文献出版社,2004.

［53］孙建成. 文化产业的特征与我国文化产业的发展［J］. 齐鲁学刊,2008(5).

［54］文化部. 近几年我国文化投入情况及对策建议［R］. 文化部网站,2011-08-23.

［55］安应民,高新才. 论建立文化经济学的几个问题［J］. 兰州大学学报,1995(23).

［56］沈建新,程恩富. 经济和文化的基本含义及其相互关系——文化经济学理论探索之一［J］. 企业经济,1986(4).

［57］O.诺沃特纳,王熙瑞. 文化经济学的对象与方法［J］. 国外社会科学,1989(1).

［58］亚当·斯密. 国民财富的性质与原因的研究(中译本)［M］. 北京：商务印书馆：1983.

［59］本雅明. 作为生产者的作家［A］. 北京：文化艺术出版社,1986.

［60］弗兰契娜·哈里森. 现代艺术和现代主义(中译本)［M］. 上海：上海人民美术出版社,1988.

[61] 布迪厄.文化资本与社会炼金术(中译本)[M].上海:上海人民出版社,1997

[62] 荣跃明.超越文化产业:创意产业的本质与特征[J].毛泽东邓小平理论研究,1984(5).

[63] 冯契.哲学大辞典(下)[M].上海辞书出版社:2001.

[64] 曹萌.文化产品引导机制研究的意义与构架[J].甘肃理论学科,2012(2).

[65] 中共中央马克思恩格斯列宁斯大林著作编译局.马克思恩格斯全集[A].1972(26).

[66] 陈新汉,冯溪屏.论文化生产的两重性[J].唯实,2005(11).

[67] 荣跃明.论文化生产的价值形态及其特征[J].社会科学,2009(10).

[68] 陆环.论产业时代的精神文化生产[J].广州大学学报(社会科学版),2003(2).

[69] 俞晓敏.中国文化管理体制改革与创新研究[C].吉林大学博士学位论文,2008.

[70] 植草益.产业组织论[M].北京:中国人民大学出版社,1988.

[71] 庞巴维克.资本实证论[M].陈端,译.北京:商务印书馆,1964.

[72] 史蒂文森.文化公民身份:全球一体的问题[M].北京:北京大学出版社,2011.

[73] 边雅静.实物资本与人力资本的最佳比例关系研究[M].北京:中国经济出版社,2011.

[74] 林楠,社会资本[M].张磊,译.上海:世纪出版集团,上海人民出版社,2005.

[75] 刘平养.经济增长的自然资本约束与解约束[M].上海:复旦大学出版社,2011.

[76] 陈赞晓.论文化资本及其营造[J].学术研究,2007(5).

[77] 斯科特·拉什.风险社会与风险文化[J].王武龙,译.马克

思主义与现实,2002(4).

[78] 韩永进.新的文化发展观[M].北京:文化艺术出版社,2006.

[79] 杨龙.路径依赖理论的政治学意义[J].中共宁波市委党校学报,2003(1).

[80] 宋传文.我国捐赠文化的缺失及原因[J].山东师范大学学报(人文社会科学版),2010(4).

[81] 中华人民共和国文化部财务司:我国居民文化消费状况分析,来源:2012-11-07,http://www.ccnt.gov.cn/sjzznew2011/cws/whtj_cws/201211/t20121107_267151.html/

[82] 李效熙.科学把握和促进文化消费转变经济发展方式,2012-01-05 日,来源:人民日报,http://culture.people.com.cn/GB/87423/16796025.html/

[83] 王聪,翟淑君.发挥文化消费需求的促进作用,2013-06-13,来源:贵州日报,http://theory.people.com.cn/n/2013/0613/c40531-21830591.html/

[84] 李康化:中国文化消费现状及趋势报告,发表时间:2007-9-23,http://cciidi.sjtu.edu.cn/news_view.asp? newsid=203/

[85] 曹新:满足文化消费需求刻不容缓,来源:中国青年报,2011-12-12,02 版,http://news.hexun.com/2011-12-12/136194911.html/

[86] MBA 智库百科:文化消费,http://wiki.mbalib.com/

[87] 东方文创网:2012:上海文化产业发展报告,选稿:王斌,2013-05-21,http://shcci.eastday.com/eastday/shcci/node733810/20130521/u1a7404600.html/

[88] 关于重庆市 2012 年预算执行情况和 2013 年预算草案的报告,资料来源:重庆市政府公众信息网,网址:http://www.cq.gov.cn/zwgk/qwfb/377029.htm/